La timba como rito de pasaje

Ana Cecchi

La timba como rito de pasaje

La narrativa del juego en la construcción
de la modernidad porteña
(Buenos Aires, 1900-1935)

Cecchi, Ana
La timba como rito de pasaje : La narrativa del juego en la construcción de la modernidad porteña Buenos Aires, 1900-1935 . - 1a ed. - Buenos Aires : Teseo; Biblioteca Nacional, 2012.
202 p. ; 20x13 cm. - (Investigaciones de la Biblioteca Nacional)
ISBN 978-987-1867-25-7
1. Historia Cultural. 2. Juegos. I. Título
CDD 306

© Biblioteca Nacional, 2012

© Editorial Teseo, 2012

Buenos Aires, Argentina

ISBN 978-987-1867-25-7

Editorial Teseo

Hecho el depósito que previene la ley 11.723

Para sugerencias o comentarios acerca del contenido de esta obra, escríbanos a: **info@editorialteseo.com**

www.editorialteseo.com

Director de la Biblioteca Nacional: Horacio González
Subdirectora de la Biblioteca Nacional: Elsa Barber
Director de Cultura: Ezequiel Grimson
Área de Investigaciones: Cecilia Larsen
Área de Publicaciones: Sebastián Scolnik
Diseño de tapas: Alejandro Truant
Ilustración de tapa: Daniela Ruggeri

ÍNDICE

Prólogo 9

Agradecimientos 11

Introducción 13

Capítulo I
Preludio al novecientos.
Buenos Aires: modernización y juego 21

Capítulo II
Biblioteca vs. Lotería 59

Capítulo III
Last Reason y Roberto Arlt:
crónicas y aguafuertes en los años veinte y treinta 91

Capítulo IV
Itinerarios: tango y timba en la ciudad............127

Apuestas finales..167

Fuentes impresas 181

Bibliografía 189

Créditos de las imágenes 199

Prólogo

Durante el año 2010 la Biblioteca Nacional organizó el concurso de becas de investigación "Domingo Faustino Sarmiento". Como en otras ocasiones, se invitaba a presentar proyectos de investigación sobre los materiales preservados en sus colecciones. El jurado, integrado por Ángela Di Tullio, Américo Cristófalo y Ezequiel Grimson, seleccionó cinco proyectos para ser becados y realizados en la institución. Uno de ellos es el que aquí se presenta.

Ana Cecchi ha investigado sobre la ciudad de Buenos Aires y su modernización. Como escribe en las "Apuestas finales", se trata de una de las *tantas historias posibles*. Una historia de la ciudad del juego, del turf, de la crónica y el aguafuertismo, del relato del hampa y el tango. ¿Qué es esa ciudad que aparece delineada? Fácil sería caracterizarla como una ciudad otra respecto de la oficial, como una suerte de subsuelo de costumbres plebeyas por momentos ilegales, por otros apenas picarescas.

De ese modo, podría pensarse la ciudad del juego –una urbe narrada por un Roberto Arlt o por un Last Reason, pero también por las letras del tango– como el revés de la ciudad letrada que analiza Ángel Rama. Vale recordar: para el crítico uruguayo la ciudad latinoamericana se va desplegando alrededor del sueño colonial de un nuevo orden, regular y disciplinario, que se va imaginando como contrapunto y conjuro respecto de la ciudad polifónica y heteróclita real. Cecchi, en la investigación que presentamos, muestra hilos de esa coexistencia heterogénea, dotada de costumbres y normas regulatorias, como puede verse en las crónicas del turf.

La investigadora elige un camino aún más interesante o productivo que la contraposición entre las ciudades: muestra el doblez y la imbricación a partir de un caso por demás sugestivo, el de la relación entre el juego de lotería y el financiamiento de actividades culturales. Una articulación que incluye la arquitectura, porque la Biblioteca Nacional tuvo su sede en la calle México en un edificio que había sido construido para la Lotería Nacional. Los bolilleros aún adornan sus escaleras, dando testimonio de ese fin original. Allí se aúnan las dos ciudades, la del juego y la de los libros; la del flujo azaroso y la de la conservación de lo permanente.

Esta investigación, con esas aristas sugerentes, fue realizada con los fondos de la Biblioteca Nacional, poniendo de manifiesto, una vez más, lo que estas colecciones poseen de anaqueles desconocidos a la espera de una pesquisa reveladora.

Biblioteca Nacional

Agradecimientos

Agradezco al jurado de la convocatoria de la Beca de Investigación Domingo Faustino Sarmiento de la Biblioteca Nacional integrado por Ángela Di Tullio, Américo Cristófalo y Ezequiel Grimson por haber elegido mi proyecto. Deseo agradecer a María Pía López por los valiosos consejos sobre la modalidad y los tiempos de escritura de una investigación de estas características que me dio en nuestro primer encuentro, y a Cecilia Larsen por responder a cada una de mis dudas y consultas desde el área de cultura de la Biblioteca Nacional. Este libro es producto de su paciencia y seguimiento y de la colaboración del personal de las Salas de Tesoro, Referencia, Hemeroteca, Mapoteca, Fototeca y Partituras de la Biblioteca Nacional que me acompañó en la recolección y consulta del material de archivo disponible.

Estas líneas no existirían sin el estímulo de Eduardo Zimmermann, quien me animó a presentar el proyecto y a emprender una escritura de largo aliento. Su apoyo y su atenta lectura fueron claves en cada momento del proceso. Llegué hasta la Biblioteca Nacional siguiendo los pasos de Diego Galeano para indagar archivos que nunca había explorado. Su libro *Escritores, detectives y archivistas. La cultura policial en Buenos Aires, 1821-1910* resultó un faro en todo momento. También fueron esenciales las estimulantes propuestas de lectura de Lila Caimari y cada una de sus acertadas y precisas correcciones. La investigación tiene una deuda con Lila y con todo el grupo Crimen y

Sociedad de la Universidad de San Andrés, con el que venimos discutiendo sobre la policía, la prisión, la justicia y las prácticas ilegales en la modernización de la Argentina; en especial, quiero agradecer a Fernando Casullo, Viviana Barry, Mercedes García Ferrari, Melisa Fernández Marrón, Cecilia Allemandi, Julieta Di Corleto y Mariana Nazar por los debates y los aportes. Este trabajo recupera tangencialmente algunas hipótesis del grupo en el ámbito de la ciudad de Buenos Aires.

Agradezco también a Florencia Calzón Flores, Joaquín Linne y a Lara por hacer del trabajo de investigación un espacio compartido. A Claudia Daniel por la exhaustiva corrección del primer capítulo y por la elegancia en cada uno de sus comentarios. Matías Castelli me introdujo en el mundo del tango y me llevó hasta las clases de Julio Schvartzrman en la facultad de Filosofía y Letras; la pasión y generosidad de ambos fue una parte muy gratificante de esta tarea. Mi especial gratitud es con mis compañeros del doctorado en historia de Udesa que me acompañaron en todo el proceso y con Roy Hora, mi mejor lector. Agradezco también el aliento de Cecilia Gil Mariño, Laura Prado, María Stegmayer, Pedro Barreiros, Florencia Qualina, Santiago Uliana, Guillermo Tangelson, Agustina Saez y Carmela por darle sentido a los días de escritura. Adrián Gorelik propuso la lectura de Franco Moretti y fue, sin saberlo, el impulsor de este trabajo.

Dedico este libro a mis hermanas Flora y Julieta y a los adorables Gasti, Gurú, Beba, Eli, Ricky, Cris, Ale, Martín, Vani, Tuti, Clara, Gaby, Clau, Luli y Maga por la buena onda, siempre. Quiero agradecer a mis padres Alicia y Guillermo por quererme como soy y a Julián Urman por todo lo demás.

Introducción

"La timba", de acuerdo al *Diccionario lunfardo del hampa y el delito*, define toda clase de apuestas por dinero en lugares clandestinos.[1] El universo de la timba remite a un imaginario muy presente en la ciudad de Buenos Aires, pocas veces indagado desde la historia cultural. Las páginas que siguen son producto del trabajo de archivo realizado en la Biblioteca Nacional con el objetivo de recuperar algunas travesías del juego legal / ilegal en Buenos Aires durante el período 1900-1935. Indagar en los relatos sobre las prácticas de juego y sus prohibiciones llevó a nombrar ámbitos ilegales, destrezas del comercio informal y territorios de venta ambulante que configuran un singular espacio público de diversiones.[2] Centrarse en la timba permitió recomponer una historia cultural de la ciudad a través de la materialización de algunos modelos de sociedad que conjugan una constelación de proyectos en conflicto. Esta historia busca mostrar diferentes aspectos del escenario modernizador de la ciudad de Buenos Aires: el de las prácticas que desaparecen –las corridas de toros, las riñas de gallos y los frontones–; el de las costumbres que se consolidan –las visitas al hipódromo y el furor urbano

---

[1] Escobar, Raúl. *Diccionario lunfardo del hampa y el delito*, Buenos Aires, Distal Libros, 2004.
[2] Gorelik, Adrián. *La grilla y el parque. Espacio público y cultura urbana en Buenos Aires, 1887-1936*, Bernal, Universidad Nacional de Quilmes, 1998, pp. 19-22.

por los sorteos de la Lotería de Beneficencia, sus billetes, sus numeritos–; y el universo clandestino de las quinielas ilegales, que a pesar de ser perseguidas por la policía de la Capital, se institucionalizan y se sostienen hasta el presente.

Durante el período 1890-1902, se sancionan en la ciudad de Buenos Aires una serie de leyes sobre juego que –a partir de 1900– redefinen las pautas de legalidad hasta entonces admitidas en el ámbito urbano. La legislación sobre *Maltratamiento de Animales* (1891) prohíbe las riñas de gallos; la *Ley de Lotería de Beneficencia Nacional* (1895), que consolida la institución de la lotería, y la *Ley de Represión del Juego* (1902), que habilita el allanamiento de domicilio, garantizan el monopolio estatal del juego legítimo y asignan a la Policía de la Capital nuevas funciones en relación con un Estado más complejo, que renovará sus formas de administración, de recaudación, de asistencia y de definición de lo legal. El juego, sin embargo, no solo configura un aspecto prohibido dentro de la ciudad de Buenos Aires de principios del siglo XX, sino también un privilegiado lugar social "para mirar y ser mirado".[3] En sintonía con algunas metrópolis europeas, Buenos Aires, en el cambio de siglo, cuenta con dos hipódromos en los que se corren carreras en pistas circulares denominadas "a la inglesa": el Hipódromo Nacional, situado en el barrio del Bajo Belgrano, y el Hipódromo Argentino, ubicado en Palermo. El Hipódromo Argentino de Palermo, fundado en 1879 por un núcleo de irlandeses, pertenecerá luego al Jockey Club –a partir de su creación en 1882– y definirá el rostro de la sociabilidad y la masculinidad porteña hasta nuestros días.[4]

---

[3]   "El Hipódromo Argentino", en *Caras y Caretas*, 1903.
[4]   Archetti, Eduardo. *El potrero, la pista y el ring. Las patrias del deporte argentino*, Buenos Aires, Fondo de Cultura Económica, 2001; Archetti, Eduardo. *Fútbol, tango y polo en la Argentina. Masculinidades*, Buenos Aires, Editorial Antropofagia, 2003; Archetti, Eduardo. "Estilos y virtudes

Recientes estudios a escala internacional han renovado el interés por el juego en occidente movidos por el gusto de indagar la permanencia de rituales paganos en la modernidad. El principal antecedente es la obra de Jackson Lears (2003), quien desde la academia norteamericana realiza una historia cultural del juego en los Estados Unidos. Lears explora ciertas narrativas sobre el juego y el azar en la sociedad (norteamericana) en la que a pesar de primar los valores de una ética protestante (ligada al ascetismo y al trabajo para la acumulación regulada de capital), la afición al juego revela un complejo entramado de creencias y símbolos laicos. Profundas reverencias por la suerte, la chance y el azar parecen consolidar un proceso de modernización en el que se despliegan creencias seculares que ocupan un lugar central en la cultura del éxito norteamericana. Esta obra recupera metodológicamente tres textos clásicos sobre el tema: *Homo Ludens*, del historiador holandés Johan Huizinga (1943);[5] el capítulo de Clifford Geertz (1973) sobre la riña de gallos en Bali;[6] y *Les jeux et les hommes*, del pensador francés Roger Caillois (1958). De esta tradición serán herederos Paul Yonnet (1985) y su análisis de las apuestas de caballos –denominadas *Tiercé*– en Francia de los años cincuenta, recuperando los estudios pioneros de Lefevre sobre el tiempo libre.[7] En el

---

masculinas en *El Gráfico*: la creación del imaginario del fútbol argentino", *Desarrollo Económico. Revista de Ciencias Sociales*, vol. 35, núm. 139, 1995, pp. 419-442.

[5] Existe una diferencia en la traducción del título de las dos versiones en español: Ver Huizinga, Johan. *Homo Ludens. El juego como elemento de la historia*, Lisboa, Editorial Azar, 1943; y Huizinga, Johan. *Homo Ludens. El juego y la cultura*, México, Fondo de Cultura Económica, 1943.

[6] Fue publicado en español en 1988: Geertz, Clifford. "Juego profundo: notas sobre la riña de gallos en Bali", *La Interpretación de las culturas*, Barcelona, Gedisa, 1988.

[7] Esta obra será publicada en español en el año 2005 dentro de una colección dirigida por Eliseo Verón: Yonnet Paul. *Juegos, modas y masas*, Barcelona, Gedisa, 2005.

campo académico francés, Alain Corbin (1995) se constituirá en el principal referente de la renovación historiográfica en estudios sobre el ocio y el tiempo libre cuya perspectiva ha sido retomada en el contexto local argentino por Elisa Pastoriza y Juan Carlos Torre para problematizar las políticas sociales del turismo y el ocio durante el peronismo.[8]

La historiadora Amy Chazkel (2011; 2007) ha sentado un precedente en los estudios sobre el juego en América Latina al estudiar una lotería ilegal muy famosa de Río de Janeiro que comienza en 1890 y continúa hasta el presente: el *jogo do Bicho*. La autora renovó un área de estudios y polémicas que desde la década del noventa (Soares, 1993; Herschmann, 1993) en Brasil comenzaron a girar en torno a la aparición de esta lotería clandestina con amplio alcance popular. El estudio del *jogo do bicho* resultó una entrada para explorar las relaciones históricas entre orden social, cultura legal, prácticas sociales y formas de criminalidad en Brasil. El análisis se enmarca dentro de una vertiente historiográfica que revisa el desbordado poder normalizador que parece haber operado en los Estados nacionales latinoamericanos de fines del siglo XIX.[9] Esta mirada pretende demostrar el posible desfasaje que pudo haber existido entre los modelos idealmente planteados y el accionar de los profesionales del control social en el marco de las instituciones y su capacidad desmedida para

---

[8] Pastoriza, Elisa y Torre, Juan Carlos. "Mar del Plata, un sueño de los argentinos", en Devoto y Madero, *Historia de la vida privada en Argentina*, Buenos Aires, Taurus, 1999, tomo 3; Pastoriza, Elisa. "Sociedad y política en la construcción de una ciudad turística de masas. Mar del Plata en los años 30", Tesis de maestría en Historia, Facultad de Humanidades, Universidad Nacional de Mar del Plata, 1999; Pastoriza, Elisa (comp.). *Las puertas al mar. Consumo, ocio y política en Mar del Plata, Montevideo y Viña del Mar*, Buenos Aires, Biblos, 2002.

[9] Buffington, Robert y Aguirre, Carlos. *Reconstructing Criminality in Latin American*, Willmington, Scholarly Resources, 2000.

reordenar la realidad.[10] Se trata de una perspectiva que se ancla en la mentada renovación de una historia social y cultural que se interesa por la permanencia de ciertas prácticas populares informales –definidas como ilegales– de los habitantes de las complejas ciudades latinoamericanas.[11]

El juego no ha sido para la historiografía argentina objeto de análisis, con la excepción de la obra compilada por Carlos Mayo (1998). El compendio de artículos reunidos por Mayo aborda el período 1730-1830 y se mueve en los límites que recorren el ámbito urbano y la campaña para centrase en las corridas de toros, las riñas de gallos, los juegos de naipes y los sorteos de loterías. Indagando en las relaciones tejidas en torno al juego, el Estado y la sociedad civil, el texto plantea una serie de interrogantes que desde fuentes diversas responden algunas preguntas que cruzan políticas estatales, reacciones sociales y sentidos culturales. Ricardo Salvatore (2001), Juan Suriano

---

[10] Armus, Diego. *La ciudad impura. Salud, tuberculosis y cultura en Buenos Aires, 1870-1950*, Buenos Aires, Edhasa, 2007; Caimari, Lila (comp.). *La Ley de los Profanos. Delito, Justicia y Cultura en Buenos Aires (1870-1940)*, Buenos Aires, Fondo de Cultura Económica, 2007; Di Liscia, María y Bohoslavsky, Ernesto. *Instituciones y formas de control social en América Latina (1840-1940). Una Revisión*, Buenos Aires, Prometeo, 2005; Piccato, Pablo. *City of Suspects: Crime in Mexico City, 1900-1931*, Durham, Duke University Press, 2001.

[11] Zimmermann, Eduardo (comp.). *Judicial Institutions in Nineteenth-Century Latin America*, Londres, Institute of Latin American Studies, University of London, 1999. Ver las discusiones en torno a la legalidad e ilegalidad del duelo en la ciudad de México: Speckman Guerra, Elisa. "El último duelo. Opiniones y resoluciones en torno al lance Verástegui-Romero (ciudad de México, 1894)", en Di Liscia, María y Bohoslavsky, Ernesto. *Instituciones y formas de control social en América Latina (1840-1940). Una Revisión*, Buenos Aires, Prometeo, 2005. Para el caso de Buenos Aires, ver: Gayol, Sandra. "Elogio, deslegitimación y estéticas de las violencias urbanas: Buenos Aires, 1870-1920", en Gayol, Sandra y Kessler Gabriel (comp.). *Violencias, Delitos y Justicias en la Argentina*, Buenos Aires, Manantial, 2002. Gayol, Sandra. *Honor y duelo en la Argentina moderna*, Buenos Aires, Siglo XXI, 2008.

(2001), Eduardo Zimmermann (1995) y Sandra Gayol (2000; 2008) han trazado algunos pasos en esta misma dirección al contribuir al análisis de los cambios y rupturas que se produjeron en Buenos Aires entre fines del siglo XIX y las primeras décadas del XX, en torno a una moral pública común, cuando una serie de prácticas privadas como el consumo de alcohol, los duelos y los juegos de azar devienen eje de sanción legal, disputa cultural y objeto de interés historiográfico. Desde el campo de la antropología, Eduardo Archetti (1995; 2003) ha indagado estos mismos procesos de cambio, centrándose –a través del fútbol, el tango y el polo– en la construcción de los mundos morales de la masculinidad en la Argentina moderna.

El lector encontrará en las páginas que siguen un libro que se centra en una serie posible de textos que forman parte de las arcas de la Biblioteca Nacional y permiten recomponer las modalidades del juego en la ciudad. El trabajo es producto de la experiencia de investigación propuesta por la Biblioteca Nacional a partir de sus concursos que gestionan una política de acercamiento entre fondos documentales e investigadores. El formato específico de este escrito recorre un conjunto acotado de narrativas –crónicas, tangos, aguafuertes, memorias, catálogos, anuarios estadísticos–, debates parlamentarios y algunos mapas que constituyen excelentes piezas históricas para recomponer las prácticas urbanas. A medio camino entre la divulgación y el mundo académico, este libro busca encontrar nuevos lectores sobre un tema poco explorado y muy presente en la vida de la ciudad con archivos novedosos custodiados por los fondos de la Biblioteca Nacional.

El primer capítulo tiene la forma de un preludio. El trabajo se abre sobre un análisis de las significativas transformaciones estructurales de Buenos Aires a lo largo del siglo XIX, que la llevan, en 1900, a sintetizar los rasgos contradictorios de la metamorfosis de toda ciudad moderna. Su transformación estructural es consecuencia de una modernización que incluye la incorporación definitiva de la región a la economía mundial capitalista, el ordenamiento de instituciones políticas que clausuran las conflictivas épocas postindependientes, la urbanización, el crecimiento demográfico y la inmigración extranjera. Si –como señala Francis Korn (1981, p. 12)- "en algún momento, las ciudades dejan de ser un conjunto de pueblitos que se expande con cautela para volverse la imagen de sí mismas, la representación en la tierra de lo que van a ser", este preludio al novecientos recorre la modernización de la ciudad a través de las prácticas del juego.

El segundo capítulo estudia la relación entre la Biblioteca Nacional y la Lotería de Beneficencia Nacional. La sanción de la Ley 3313 de Lotería de Beneficencia Nacional del año 1895 otorgará a dicha Lotería el monopolio del juego legítimo. En el año 1900, un decreto de gobierno establece la mudanza de la Biblioteca Nacional al edificio destinado a la Lotería, generando una serie de fricciones jurisdiccionales entre ambas instituciones estatales. Entre las políticas públicas derivadas de los fondos de la Lotería de Beneficencia Nacional, se sanciona –en septiembre de 1901- la subvención a la Biblioteca Nacional (Ley 4018).[12] La pluma de Paul Groussac se levantará en varias ocasiones contra la lotería de Beneficencia Nacional y el hipódromo como modelos de decadencia cultural. Mediante la utilización de los materiales de la Colección Tesoro de la Biblioteca, se buscó reconfigurar y rescatar los debates y las tensiones entre juego y cultura letrada.

El tercer capítulo responde al objetivo de estudiar el juego como relato urbano. En este sentido, se indagaron una serie de crónicas y aguafuertes de los años veinte y treinta

---

[12] Diario de Sesiones de la Cámara de Diputados, 1901, pp. 248-249, 648-650 y 857-858.

que dentro de la hemeroteca permitieron recrear frescos de la timba en la ciudad. Por su significativa relevancia, se prestó especial atención a la retórica de Last Reason en el tratamiento del mundo del turf como lugar de pertenencia, así como a sus crónicas y consultorios patológicos publicados en el vespertino *Crítica* a mediados de los años veinte. Nos detuvimos también en las aguafuertes publicadas en *El Mundo* por Roberto Arlt, porque desde 1928 fijan una imagen, registran un modo de ver sobre escenarios y actores poco conocidos del universo ilegal o informal de la ciudad.

El cuarto capítulo organiza –a partir de las partituras de tango de la Colección Partituras de la Biblioteca Nacional– un mapa de los circuitos de juego (legal-ilegal) en la ciudad de Buenos Aires durante el período. Siguiendo la propuesta metodológica de Franco Moretti (1999), quien establece una serie de mapas y recorridos de sociabilidades a partir de una constelación de novelas europeas, se recuperaron –entre las letras de tango– corredores de apuestas, significaciones asociadas al mundo de los naipes y alguna que otra historia suelta sobre los burros y Gardel.

El trabajo se cierra con una serie de reflexiones sobre los rituales del juego en el proceso modernizador de la ciudad. Los juegos de azar se tornaron muy populares en toda América Latina y el Caribe a fines del siglo XIX con el desarrollo del capitalismo y la creciente urbanización. Como ocurre con la persistencia del juego ilegal en Río de Janeiro y en las calles de la ciudad de México, la historia del juego legal e ilegal en Buenos Aires es un terreno de zonas grises. Observar los rituales de juego en la región tal vez permita reflexionar sobre las prácticas, las modulaciones y los ritos de la modernidad en América Latina. La suerte está echada y, como dicen los timberos, el que no arriesga no gana.

Capítulo I
Preludio al novecientos. Buenos Aires: modernización y juego

> "Soy de un país vertiginoso donde la lotería es parte principal de la realidad."
>
> Jorge Luis Borges[13]

Introducción

El 28 de diciembre de 1901, el magazine ilustrado *Caras y Caretas* publicaba una nota titulada *La lotería del millón. Poseedor del billete premiado*. En ella se exhibían imágenes del Sr. José Etcheverry, "el favorecido con el premio del millón", y de los niños cantores del premio Ruperto Esperón y Raúl Copello, quienes bolilla a bolilla recibían aplausos y clamores de un público que había agotado la compra de los boletos emitidos por la Lotería de Beneficencia Nacional y había "asaltado materialmente sus instalaciones ávido de experimentar las emociones consiguientes a experimentar el sorteo". Cuando por fin apareció el número millonario, "se armaba en la sala de la lotería una algarabía infernal".[14] El billete ganador se había adquirido en una agencia oficial de la calle Cangallo 2820, y su poseedor, José Etcheverry, fundador y presidente de la Bolsa de Cereales y de la Cámara de Comercio del Once de Septiembre, "se vio obligado a ocultarse para substraerse a las manifestaciones de algunos de los corredores del

---

[13] Borges, Jorge Luis. "La lotería en Babilonia", *Ficciones*, Buenos Aires, Emecé, 1997.
[14] *Caras y Caretas*, año IV, núm. 169, "La lotería del millón. El Poseedor del billete favorito", 28 de diciembre de 1901.

Once de Septiembre, que hallándose mal en sus negocios agrícolas, veían en esta suerte casi un medio de echarle un remedio a su fortuna, cuando la noticia se difundió con la celeridad acostumbrada en estos casos".[15]

Desde su creación definitiva en 1895, la Lotería de Beneficencia Nacional había entregado –para 1900– cinco extracciones millonarias de Navidad, convirtiéndose en un verdadero fervor urbano. La primera había sido en 1.897, cuando los niños cantores anunciaron el número 5.202; la segunda, en 1898 con el número 3.671; la tercera extracción tuvo lugar en 1899 con el número 6.572; y la cuarta, en 1900 con el número 16.122, que había premiado al señor Chrystophersen.[16] Desde el premio de 1898, *Caras y Caretas* publicaba año tras año fotografías de los ganadores del premio millonario de Navidad, de las salas atestadas de jugadores apuntando los números premiados durante los sorteos extraordinarios, y de las colas frente al edificio de Belgrano 666, donde se confirmaba que año a año, en la ciudad de Buenos Aires, se renovaban las ilusiones y las esperanzas puestas en los billetes ganadores.

En 1900, se vendían 2.122.000 billetes de lotería anuales que acordaban un monto de premios de 19.455.000 pesos moneda nacional. Los billetes tenían un valor de entre 5, 10 y 25 centavos para sorteos ordinarios, y de 50 pesos para sorteos extraordinarios. El valor de las emisiones era de 25.940.000 pesos moneda nacional, y los beneficios anuales distribuidos llegaban a 3.580.126 pesos moneda nacional.[17] El entusiasmo por las apuestas no fue, sin embargo, un

---

[15] *Caras y Caretas*, año IV, núm. 169, "La lotería del millón. El Poseedor del billete favorito", 28 de diciembre de 1901.
[16] *Caras y Caretas*, año II, núm. 65, "La lotería del millón", 30 de diciembre de 1899.
[17] Datos extraídos del *Anuario Estadístico de la Ciudad de Buenos Aires, 1900*, Buenos Aires, Compañía Sud-Americana de Billetes de Banco, 1901.

hábito exclusivo de la ciudad de Buenos Aires de la última década del siglo XIX y del siglo XX. Tal como está planteado en la obra colectiva dirigida por Carlos Mayo, diversos juegos de azar tuvieron un alto grado de difusión en la sociedad colonial y a lo largo del siglo XIX.[18] Como veremos, si en 1900 algunos juegos como la lotería y el hipódromo devienen rituales claves en la vida de la ciudad, a lo largo del siglo XIX, el proceso "de contribuir al progreso de la cultura y a la depuración de las costumbres"[19] dio lugar a ciertos reajustes de los juegos urbanos aceptados, cuyos polivalentes modelos serán también una de las centrales consecuencias de la modernización de Buenos Aires.

1. Toros, gallos y caballos

1.1. Una ciudad sin plaza de toros

No quedan huellas de las corridas de toros en el escenario modernizador de Buenos Aires del novecientos, en el que priman los hipódromos y la lotería. Las corridas de toros fueron prohibidas definitivamente por un decreto del 4 de enero de 1822, en el que se determinaba que la plaza del Retiro fuera demolida.[20] Resulta de interés señalar, sin embargo, que la prohibición de las corridas se reitera y refuerza en varias oportunidades a lo largo del siglo XIX, en las que se insiste también en la prohibición de establecer plazas o circos de toros en todo el territorio: en agosto de 1856, a nivel nacional; en mayo de 1870, para reforzar

---

[18] Mayo, Carlos A. (director). *Juego, sociedad y Estado en Buenos Aires (1730-1830)*, Buenos Aires, Editorial de la Universidad Nacional de La Plata, 1998.
[19] *La Prensa*, 5 de diciembre de 1898.
[20] *Dirección de Geodesia, Asesoría Histórica, Registro Oficial de leyes, decretos y resoluciones de la República Argentina del año 1810 a 1920*, La Plata, Taller de impresiones Oficiales, 1924, p. 4.

la prohibición en las provincias del interior; y en octubre de 1901, en el marco más general de las movilizaciones públicas contra el juego.[21]

A diferencia de otras ciudades de América Latina, Buenos Aires no conservó las corridas de toros ni sus plazas. Estas corridas resumían la implantación de las diversiones de España en América, resultando objeto de crítica y símbolo de la renovación tanto cultural como política de la revolución de Mayo y del espíritu republicano de la ciudad. Hasta las reformas borbónicas de 1805, las corridas de toros no solo tenían el apoyo de las autoridades, sino que además contaban con su presencia y goce. De hecho, las corridas signaban ocasiones para celebrar grandes acontecimientos de la corona, como la jura de un rey, el nacimiento de un heredero, una batalla triunfal o una festividad. Al igual que en el resto de Hispanoamérica, las corridas de toros en el Río de la Plata simbolizaban la legitimación de la corona y el modelo de sociedad estamental sintetizado en los reyes de España: "Las corridas de toros fueron no sólo en la península ibérica, sino en todo el Imperio español, la fiesta del orden estamentario".[22]

La primera corrida de toros del Río de la Plata se realizó el 11 de noviembre de 1609, en conmemoración de la festividad de San Martín de Tours –patrono de la ciudad–, en un círculo improvisado entre el Cabildo y la iglesia catedral. El día elegido para la corrida, los vecinos más hábiles se encargaron, primero, de limpiar el terreno, y luego, de armar con maderas los vallados "trayendo cada cual a cuestas las

---

[21] *Dirección de Geodesia, Asesoría Histórica, Registro Oficial de leyes, decretos y resoluciones de la República Argentina del año 1810 a 1920*, La Plata, Taller de impresiones Oficiales, 1924, pp. 4, 11, 401 y 606.
[22] Viqueira Albán, Juan Pedro. *¿Reprimidos o relejados? Diversiones públicas y vida social en la ciudad de México durante el siglo de las luces*, México, Fondo de Cultura Económica, 1987, p. 33.

tablas de sus asientos".[23] Hasta fines del siglo XVIII, no hubo en Hispanoamérica plazas construidas destinadas a la lidia de toros, ya que generalmente se improvisaba el circo de torero en la Plaza Mayor. Sin embargo, el Cabildo, con el tiempo, contrató "andamieros" que pronto se trasformaron en expertos constructores de las graderías que la institución colonial alquilaba al público en general. El precio era de 5 reales la vara y muchos aficionados alquilaban siempre el mismo espacio.[24]

En Buenos Aires, los balcones del Cabildo ofrecían un excelente y cómodo lugar para las autoridades civiles –virrey, oidores, regidores, alcaldes y miembros de las capas altas– y religiosas del Virreinato. Era un escenario ideal para mirar y ser vistos. La tropa encargada de mantener el orden tenía asientos fijos reservados. Los palcos de madera, que se desmontaban al final del espectáculo, no eran todos iguales, ya que existían niveles de graduación que reflejaban el prestigio social de la persona que lo ocupaba. Los problemas por los lugares en los palcos se multiplicaron en la segunda mitad del siglo XVIII como consecuencia de las reformas borbónicas que crearon nuevos puestos dentro del gobierno virreinal, generando conflictos en las corridas, ya que era imposible dotar de lumbreras (lugares con sombra) a todos los funcionarios. Era lógico, pues el balcón del Cabildo no podía resistir el peso de tanta burocracia virreinal.[25]

La primera plaza de toros de la ciudad empezó a funcionar a principios de 1791 en el hueco de Monserrat, con

---

[23] Pillado, Antonio. *Buenos Aires, edificios y costumbres*, Buenos Aires, s/r, 1910, p. 244.
[24] Guerrero, Gilda. "Toros en Buenos Aires", *Todo es Historia*, núm. 26, 1969.
[25] Fernández Ángela y Cabrejas, Laura. "Las corridas de Toros en el Buenos Aires Colonial (1730-1830)", en Mayo, Carlos. *Juego, Estado y sociedad en Buenos Aires (1730-1830)*, La Plata, Editorial de la UNLP, 1998.

un diámetro rectangular de 55 a 66 varas y una capacidad para dos mil espectadores. Uno de los principales motivos que contribuyeron a la construcción de la plaza fue la necesidad del Cabildo de recaudar fondos para el empedrado de las calles. Ciertas dificultades en los arrendamientos de los balcones y gradas derivaron en un prolongado juicio para determinar su explotación, que finalmente se entregó a los señores Pardo y Revuelta, fijándose en el expediente el precio de las entradas: "Dos reales por los primeros palcos, un real y medio por los segundos, un real por los palcos de atrás y las gradas y los primeros palcos de arriba donde se podían instalar sillones de a dos reales".[26] La plaza de Monserrat funcionó hasta octubre de 1799, cuando el virrey Avilés firmaba la orden para su demolición. Durante ese período de ocho años, se celebraron 114 corridas, produciendo 7.200 pesos para el empedrado y 5.700 pesos para el contratista.

La segunda plaza de toros de la ciudad se llamó El Retiro. Era de forma octogonal, de estilo morisco, había sido construida con muros de ladrillo y cubierta de revoque a la cal. Según Wilde, quien reproduce las descripciones de Roberton: en la "plaza podían acomodarse más de 10.000 personas. Tenía palcos de madera en alto y gradas en la parte baja, para toda clase de gente; la entrada costaba quince centavos".[27] El circo contaba además con burladeros, guardabarreras y hasta una capilla para los lidiadores. Francisco Cañete trazó los planos y fue también el director

---

[26] AGN. Sala IX 30-4-7 (leg. 31, exp. 20). Interior. El expediente se inicia el 23 de abril de 1791 y finaliza el 17 de diciembre de 1792. Hace referencia a las cláusulas y condiciones para la explotación de la plaza de Monserrat.

[27] Wilde, José Antonio. *Buenos Aires desde setenta años atrás*, Buenos Aires, Biblioteca de La Nación, 1908, p. 94.

general de la obra y el maestro albañil.[28] La nueva plaza de toros se inauguró con motivo del cumpleaños del príncipe de Asturias, el 14 de octubre de 1801, y el dinero invertido en su construcción ascendió a 42.580 pesos. Se levantó con gran rapidez, prueba de la abundancia de recursos con que contaba Buenos Aires a fines del siglo XVIII.[29]

De acuerdo a Antonio Pillado, hasta 1810, año en que las corridas de toros empezaron a decaer como un aspecto de la reacción antiespañola, los funcionarios y las familias distinguidas mantenían con esta práctica una relación de obligatoriedad signada por su posición social : "Las familias distinguidas no asistían a las corridas de toros por interesarse en los lances de la lidia, sino por cumplir con las condiciones de forma y etiqueta que traían aparejadas las fiestas oficiales, desde que las señoras de los dignatarios debían hacer acto de presencia donde concurría la virreina, por razón de su rango".[30]

Las críticas a las corridas de toros reflejaron uno de los signos de la transición hacia la vida republicana de la ciudad. Esos ataques se enmarcan en una retórica ilustrada contraria a las prácticas de sociabilidad anacrónicas que se suponían reñidas con el nuevo ideario ilustrado de 1810, y definen la mutación progresiva de las elites. En esta mutación, se despliegan una serie de fenómenos que otorgan a la elite ilustrada una posición compleja y ambivalente en un escenario tendiente a redefinir las jerarquías del mundo estamental. En este sentido, el celo reformista sobre el antiguo calendario de diversiones de la

---

[28] AGN. Sección gobierno, Cabildo de Buenos Aires. Propios, 1800-1802, IX 22-2-2.
[29] Mariluz Urquijo, José. *El virreinato del Río de la Plata en la época del Marqués de Avilés (1799-1801)*, Buenos Aires, Academia Nacional de la Historia, 1964, p. 376.
[30] Pillado, Antonio. *Buenos Aires, edificios y costumbre*, Buenos Aires, s/r, 1910, p. 316.

corona se entiende como una reformulación de los pactos entre la elite gobernante y el pueblo en un nuevo contexto republicano.[31]

En *El plano de la Ciudad y el Ejido de Buenos Aires de 1817*, todavía puede verse el espacio privilegiado que la plaza de toros ocupaba en el espacio urbano de Buenos Aires junto a la fortaleza, la recova, el piquete, el muelle y la fábrica de cañones.[32] La supresión de la corridas de toros se enuncia, por un lado, como crítica ilustrada a los deportes "bárbaros" –que quedarán asociados al mundo hispánico–, al tiempo que define una elite rigurosa y disciplinada que poco a poco irá reprimiendo el pasado colonial español en búsqueda del ambivalente camino entre la diferenciación social y la realización plena de un ideal republicano. En palabras de Myers, las corridas de toros serán reemplazadas en el gusto de elite por las carreras de caballos.[33]

1.2. Riñas de gallos: entre la Sociedad Protectora de Animales y la Policía de la Capital

Las riñas de gallos también fueron introducidas por los españoles, pero no se reglamentaron hasta mediados del siglo XIX. En 1782, el Cabildo inicia un expediente con motivo de la apertura de un lugar para la riña de gallos –ubicado en el centro de la ciudad y conocido como La Ranchería–, con el objetivo de mantener la Casa de Niños

---

[31] Myers, Jorge. "Una revolución en las costumbres: las nuevas formas de sociabilidad de la elite porteña, 1800-1860", en Madero, Marta y Devoto, Fernando. *Historia de la vida privada en la Argentina 1. País antiguo. De la colonia a 1870*, Buenos Aires, Taurus, 1999, p. 122.

[32] J. M. Manso, *El plano de la Ciudad y el Ejido de Buenos Aires de 1817*, Archivo del Departamento de Investigación Histórica y Cartográfica, La Plata, Dirección de Geodesia.

[33] Myers, Jorge. "Una revolución en las costumbres: las nuevas formas de sociabilidad de la elite porteña, 1800-1860", en Madero, Marta y Devoto, Fernando, *Historia de la vida privada en la Argentina 1. País antiguo. De la colonia a 1870*, Buenos Aires, Taurus, 1999, p. 122.

Expósitos. Este reñidero será explotado por Pedro Albano, quien para los años 1804 y 1805 paga al Cabildo la suma de 160 pesos en concepto de arrendamiento. A pesar de este antecedente, las fuentes parecen indicar que a diferencia de *El juego de gallos en Nueva España*,[34] en la ciudad de Buenos Aires recién en 1847 se reglamentan las riñas de gallos de manera oficial.[35]

De acuerdo al *Reglamento para el Reñidero de Gallos* de 1847, se trataba de apuestas sobre riñas entre gallos con "púas y alas en estado natural". Antes de soltar los gallos, los dueños debían expresar si la apuesta se basaba en "rematar" o "levantar". En el primer caso, la apuesto concluía con la muerte de uno de los animales, y estaba prohibido que el dueño levantara al animal para socorrerlo. Los aficionados debían "hacer sus apuestas antes de principiar la riña para evitar todo bullicio". Cuando "uno de los gallos por fatigado o herido no pudiese permanecer en pie y clave el pico en tierra; después de tres veces que por el que lo gobierna se hiciera diligencia de pararlo, deberá el juez darla por perdida siempre que el contrario permanezca en pie, debiendo hacer lo mismo con ambos, si ambos se postraren y ganará la riña el que últimamente piase en cualquiera de las tres veces que se levanten."[36]

---

[34] Sarabia Viejo, María Justina. *El juego de gallos en Nueva España*, Sevilla, Publicaciones de la Escuela de Estudios Hispanoamericanos de Sevilla, 1972.
[35] Ver *Reglamento para el reñidero de gallos* (1847), Buenos Aires, Imprenta de "La Revista", 1858.
[36] *Reglamento para el reñidero de gallos* (1847), Buenos Aires, Imprenta de "La Revista", 1858, p. 6.

Imagen 1. Reglamento para el reñidero de gallos (1858)

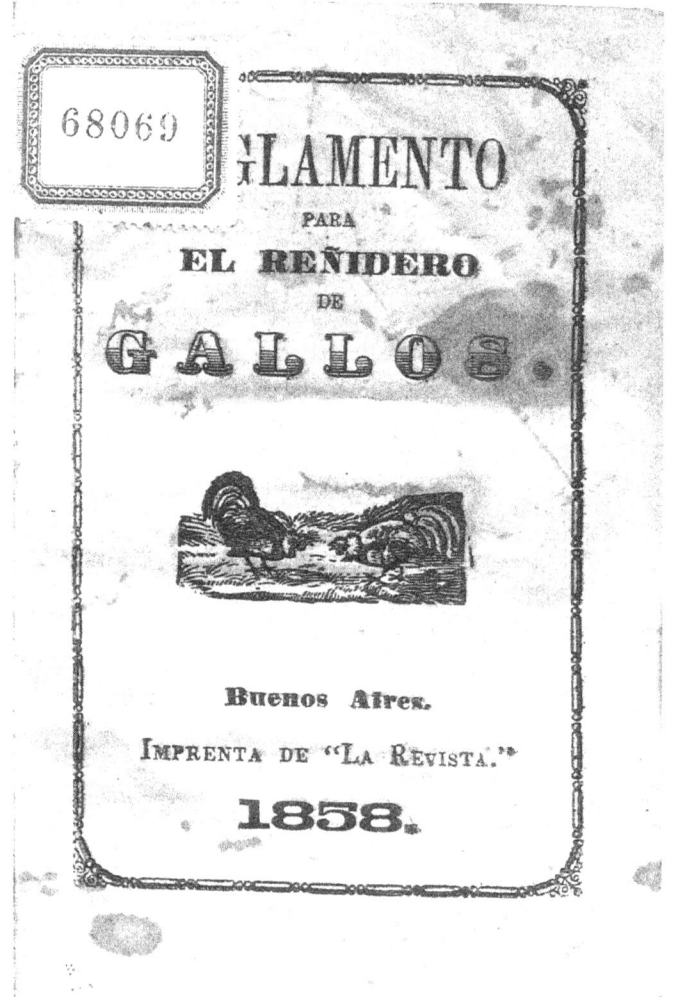

En la década de 1860, los reñideros se ubicaban principalmente en el barrio de Monserrat, conocido como "hueco de Monserrat". Allí se encontraban los dos principales locales de espectáculos destinados a la riña de gallos con instalaciones en regla y de carácter permanente.[37] Fuera de estos dos locales, se organizaban riñas en distintos establecimientos sin ninguna clase de impedimentos, y si se realizaban clandestinamente, era solo para eludir el pago de patentes o impuestos: "La riña de gallos no solamente no estaba proscripta hasta muy avanzado el siglo XIX, sino que gozaba del beneplácito oficial".[38]

Dicha práctica estaba tan legalizada en la ciudad de Buenos Aires que en el año 1861 el jefe de la Policía, Rafael Trilles, detallaba otro reglamento minucioso sobre las reglas de compostura que debía guardar el público asistente: "Las personas concurrentes guardarán el mayor orden y no podrán proferir palabras obscenas dentro del circo, ni cometer acciones que ofendan la moral pública".[39] Estaba prohibido pararse en los asientos, poner los pies en los asientos de adelante, "todo bullicio en ciertos casos de la riña", así como invadir el circo de pelea. Cuando el Estado sancionaba como legítima la riña de gallos en la ciudad de Buenos Aires, la Policía controlaba que esta forma de sociabilidad se rigiera de acuerdo al mentado reglamento.

Varios registros documentales relacionan la prohibición de la riña de gallos con la creación de la Sociedad

---

[37] En el *Plano Topográfico de la Ciudad de Buenos Aires y de todo el Municipio: San José de Flores y Barracas al Sur de 1867* puede verse el lugar ocupado por el hueco de Monserrat en el período. Malaver, Antonio E., *Plano Topográfico de la Ciudad de Buenos Aires y de todo el Municipio: San José de Flores y Barracas al Sur de 1867*, La Plata, Archivo del Departamento de Investigación Histórica y Cartográfica, Dirección de Geodesia.
[38] Olga Ochoa, Pedro. "La riña de gallos: seducción de ricos y pobres", en *Todo es Historia*, núm. 28, 1969, p. 28.
[39] Reglamento policial sancionado el 18 de marzo de 1861.

Protectora de Animales del año 1879 y un cambio discursivo sobre el tratamiento de los animales en la ciudad. Domingo Faustino Sarmiento será miembro fundador primero y luego presidente de esta Sociedad Protectora. Cinco años antes, en 1874, Sarmiento había fundado también el Zoológico de Buenos Aires, y aunque "no le fue atribuida al principio la importancia y el significado que quería darle el estadista",[40] en una carta de Carlos Pellegrini, desde Europa, dirigida en 1883 al entonces intendente Torcuato de Alvear, se evidencia el espíritu de la época:

> Ud. ha comprendido que le falta a nuestra Capital esos adornos utilísimos que la hagan una verdadera ciudad y no una simple aglomeración de casas donde se agita una colmena humana. Esa gran parte de nuestra población que trabaja toda la semana, necesita y debe tener dónde pasar su día de descanso alegremente. Nuestro Parque podría servir a ese objeto, pero carece de bastantes atractivos para inducir al pueblo a costear el pasaje del tranvía o llegarse a pie. Para admirar una flor, un árbol o un paisaje, se necesita cierto grado de cultura que no siempre se encuentra entre la gente de trabajo, mientras que la salvaje e imponente mirada de un león africano o de un tigre de Bengala, las proporciones enormes de un elefante o la espantosa fealdad de un hipopótamo, despiertan mayor curiosidad y proporcionan mayor distracción a la multitud y un niño lo abandona todo por presenciar las mil travesuras de un mono. Y de la multitud de los niños es de quien debe Ud. preocuparse, pues los privilegiados de la fortuna tienen medios de distracción. Esto es comprendido y Ud. que ha viajado, sabe que en todo el continente europeo no hay ciudad de mediana importancia que no tenga un Zoológico, que es el punto de reunión favorito de las multitudes.[41]

---

[40] Onelli, Clemente. *Aguafuertes del Zoológico*, Ediciones mínimas, 1916.
[41] Viñas, David. *De Sarmiento a Dios. Viajeros argentinos a USA*, Buenos Aires, Editorial Sudamericana, 1995.

Una genealogía de los antecedentes de la Ley de Maltratamiento de Animales –que terminará por sancionarse en 1891 con un proyecto de Aristóbulo del Valle y prohibirá las riñas de gallos en la ciudad– obliga a detenernos en algunos escritos de Sarmiento y en la serie de polémicas sobre el maltrato de animales que marcaron la mutación modernizadora de la ciudad de 1880.[42]

Entre las notas publicadas por Sarmiento en *El Nacional*, puede advertirse la demora estatal en reconocer a la Sociedad Protectora de Animales: "Todos sabrán, menos los animales, que hay unos protectores que no tienen a quienes socorrer: sello, comisiones, actas presidentes; todo menos animales socorridos en un año: ¿por qué? Porque el Ministerio apenas tiene tiempo de rascarse y hace cuatro meses que la sociedad protectora anda de Herodes a Pilatos sin que la despachen".[43] Esta falta de reconocimiento local contrasta con el reconocimiento internacional por parte de las sociedades protectoras de Londres y Nueva York, y parece ilustrar la influencia que ellas tuvieron en la creación de la Sociedad Protectora Argentina.

Las fuentes dan cuenta de un fluido intercambio de correspondencia, informes y objetos entre la sociedad argentina de protección de animales y sus colegas. La sociedad inglesa hace llegar a Buenos Aires –en agosto de 1882– un informe en el que da cuenta de la gran adhesión a aquella asociación civil, y alienta a su par local: "Once mil avisos testificados de vecinos que acreditan dando su nombre y dirección que han presenciado otro tantos casos

---

[42] Las obras completas de Sarmiento se encuentran en la Sala de Referencia del sexto piso de la Biblioteca Nacional. Ver Sarmiento, Augusto. *Índice analítico de las obras completas de Sarmiento*, Buenos Aires, Sociedad de Estudios Bibliográficos Argentinos, 2000.

[43] Sarmiento, Domingo F., "El sello de la sociedad argentina", *El Nacional*, 8 de agosto de 1882, en *Obras completas de Sarmiento, Tomo XLI, Progresos Generales*, Buenos Aires, Editorial Luz del Día, 1954, pp. 357-358.

de crueldad de animales".⁴⁴ Esta Sociedad Protectora Inglesa se erige como modelo y como ideal en la conformación de la Sociedad Protectora Argentina ubicada en Buenos Aires: "La sociedad ha quedado pues definitivamente organizada y ya la veremos entrar en funciones y hacer sentir en Londres y en Inglaterra, la que ha servido de modelo a todas las otras".⁴⁵

Por su parte, la Sociedad Americana de Protección de Animales envía como obsequio para su par porteña un sello oficial, "prueba fraternal a una organización hermana empeñada en la misma obra humanitaria de proteger la inferior creación de Dios del maltrato o de la crueldad".⁴⁶ En una conferencia realizada por el Intendente Municipal en colaboración con el Presidente de la Sociedad sobre la utilización de herraduras en el transporte urbano, se hace explícita mención al pedido de información especializada a Londres y Nueva York: "Quedó por su parte el Presidente de la Sociedad de pedir a la de Nueva York, con la cual está en correspondencia, una barrica de herraduras, de las mejores que estén en uso buscando los mismos resultados. Ya la sociedad había pedido a Londres y Estados Unidos cien pares para comparar las condiciones de construcción de calidad y de acero".⁴⁷

El intercambio no se restringe a los países angloparlantes. En julio de 1883, la Sociedad de Viena invita a la Sociedad Argentina Protectora de los Animales a que envíe "delegados al noveno Congreso Internacional de las

---

⁴⁴ Sarmiento, Domingo F., "Sociedad protectora de los animales", 10 de noviembre de 1882, en *Obras completas de Sarmiento, Tomo XLII, Costumbres y Progresos*, Buenos Aires, Editorial Luz del Día, 1954, p. 93.
⁴⁵ Sarmiento, Domingo F., "Sociedad protectora de los animales".
⁴⁶ Sarmiento, Domingo F., "El sello de la sociedad argentina".
⁴⁷ Sarmiento, Domingo F., "Sociedad Protectora de los Animales. Herraduras con tacos", en *El Nacional*, 23 de agosto de 1882, *Obras completas de Sarmiento, Tomo XLI, Progresos Generales Vistas Económicas*, Buenos Aires, Editorial Luz del Día, 1954, pp. 365-366.

Sociedades Protectoras de Animales".[48] En este sentido, las materias que ocupan al Congreso refieren a las resoluciones adoptadas en el Congreso Internacional de Bruselas de 1880, y demuestran el alcance mundial de este tipo de sociedades y la sistematización de las redes de intercambio:

> Los delegados del congreso quedan igualmente invitados a una excursión de Kalemberg, a un banquete que se proyecta a las fiestas seculares y a la inauguración solemne de la nueva casa del ayuntamiento de Viena. El Presidente de la Sociedad de Viena Profesor don Carlos Landsteiner, publicará oportunamente un programa especial de estas fiestas, el que enviará a los señores miembros del consejo pedagógico. Los Directores de los Ferrocarriles austríacos han acordado una rebaja del 33 1/3 por 100 a todas las personas autorizadas a participar en este Congreso Internacional. Debe ser motivo de satisfacción íntima para los que han trabajado por la organización de esta sociedad, y especialmente para su presidente, General don Domingo Faustino Sarmiento, esta prueba de que ya conoce en Europa algún resultado de los esfuerzos por implantar en esta patria, este nuevo elemento de civilización y de humanización. En momentos en que se prepara la Sociedad a presentar un corto proyecto de ley al Congreso Argentino, es una feliz coincidencia que así se llame la atención de nuestros legisladores a la importancia creciente de los objetos que ocupan la atención de la "Sociedad Argentina Protectora de Animales", de común con las demás sociedades análogas del mundo civilizado.[49]

Sarmiento es elegido Presidente de la Sociedad Protectora en noviembre de 1882, cuando se reúne en

---

[48] Sarmiento, Domingo F., "Sociedad Argentina Protectora de los Animales", en *El Nacional*, 23 de julio de 1883, *Obras completas de Sarmiento, Tomo XLII, Costumbres y Progresos*, Buenos Aires, Editorial Luz del Día, 1954, pp. 154-156.
[49] Sarmiento, Domingo F., "Sociedad Argentina Protectora de los Animales", en *El Nacional*, 23 de julio de 1883, *Obras completas de Sarmiento, Tomo XLII, Costumbres y Progresos*, Buenos Aires, Editorial Luz del Día, 1954, pp. 154-156.

Asamblea General "con una concurrencia numerosa de socios, de simpatizantes y de señoras en gran número". Tras un laborioso escrutinio, la sociedad elije presidente y cinco miembros de comisión directiva.[50] El presidente "leyó el discurso que corre impreso, en que da cuenta de la fundación y organización de la sociedad hasta quedar *in working order*, como dicen, pues recién el sábado se obtuvo el decreto del gobierno, mandando a que la policía preste a los socios el auxilio que legalmente requieran para el mejor desempeño de sus funciones".[51]

Uno de los alcances del fluido intercambio internacional entre las sociedades protectoras se centra en el apoyo de las policías a estas entidades civiles. En una nota de 1882, se informa a la Sociedad Argentina Protectora que la Policía de Londres "suministra nueve mil firmas más, porque todo su personal, principiando por el Superintendente de policía de Londres que es como si dijéramos el presidente de Londres, están al servicio de aquella sociedad de buenas gentes empeñados en que los caballos sean tratados también como los racionales pues merced de la *Magna Carta*, 'no se los puede moler a palos'".[52] El apoyo policial a la acción de la Sociedad Protectora será uno de los ejes de reclamo de esta sociedad en el contexto local:

> En Buenos Aires, el gobierno y la policía, estando como están a mayor altura que aquellos funcionarios ingleses, lejos de pedirle a sus congéneres aquí, están todavía en duda si existe realmente la Sociedad Protectora de los Animales no obstante pasar de ciento veinte los socios, haber solicitado seis u ocho

---

[50] Sarmiento, Domingo F., "Sociedad Protectora de los Animales".
[51] Sarmiento, Domingo F., "Sociedad Protectora de los Animales", *Obras completas de Sarmiento, Tomo XLII, Costumbres y Progresos*, Buenos Aires, Editorial Luz del Día, 1954, p. 93.
[52] Sarmiento, Domingo F., "Sociedad protectora de los animales", 10 de noviembre de 1882, en *Obras completas de Sarmiento, Tomo XLII, Costumbres y Progresos*, Buenos Aires, Editorial Luz del Día, 1954, p. 93.

más, ser recibidos por tales; tener sello, estar distribuyéndose diplomas sobre cartulina y de exquisito dibujo y grabado, y estar en relación con las de otros países. Lo que falta es poder obrar, y la policía celosa del cumplimiento de sus deberes, no ha reconocido todavía la conveniencia de que tales caballeros se pongan en contacto directo con los vigilantes, a quienes deberán dirigirse cuando necesiten obrar pues no teniendo los socios facultades, no pueden hacer cumplir la leyes.[53]

En esta línea, la Ley de Maltratamiento de Animales número 2786, finalmente sancionada en 1891, prohíbe "la exhibición de animales bravíos y salvajes, aunque domesticados en el ámbito de la Capital y los territorios Nacionales".[54] La presente ley especifica que la Policía deberá trabajar en coordinación con la Sociedad Protectora de Animales: "En la Capital de la república y Territorios Nacionales, las autoridades policiales prestarán a la sociedad Protectora de Animales la cooperación necesaria para hacer cumplir las leyes, reglamentos y ordenanzas dictadas o que se dicten en protección de animales, siendo la competencia de las mismas el juicio y aplicación de las penas en la forma en que lo hacen para las contravenciones policiales".[55]

La ley de referencia considera punible "reñir gallos, perros o gatos" y "explotarlos en juegos y espectáculos prohibidos".[56] La ilegalidad de la riña de gallos –que se enmarca en una legislación modernizadora de protección de los animales– implicó también un cambio en las funciones policiales: al "declararse actos punibles los malos tratamientos ejercitados con los animales, [...] las personas

---

[53] Sarmiento, Domingo F., "Sociedad Protectora de los Animales. Herraduras con tacos", en *El Nacional*, 23 de agosto de 1882, *Obras completas de Sarmiento, Tomo XLI, Progresos Generales Vistas Económicas*, Buenos Aires, Editorial Luz del Día, 1954, pp. 365-366.
[54] Ley N.° 2786 de Maltratamiento de Animales (Art. 1° y 2° OM. 29 de mayo 1891, p. 776).
[55] Ley N.° 2786 de Maltratamiento de animales Art. 3.
[56] Ley N.° 2786 de Maltratamiento de animales Art. 4.

que los ejerciten sufrirán una multa de dos a cinco pesos, y en su defecto arresto, correspondiendo dos pesos por día".[57] En este sentido, la Policía de la Capital ya no sería convocada a regular este ámbito de sociabilidad, sino a hacer efectiva su prohibición.

Así se pone punto final a la legalidad de la riña de gallos en la ciudad de Buenos Aires, en un contexto internacional de protección de los animales. Esta legislación modifica un hábito muy arraigado entre la población porteña, que –como ha señalado Olga Ochoa– continuará como práctica ilegal en las afueras de la ciudad.[58]

1.3. Carreras a la inglesa, hipódromos y Jockey Club

En sintonía con algunas metrópolis europeas, Buenos Aires en 1900 cuenta con dos hipódromos en los que se corren carreras en pistas circulares regidas por detallados reglamentos de largada denominados "a la inglesa": el Hipódromo Nacional, situado en el barrio de Belgrano, y el Hipódromo Argentino, ubicado en Palermo. El Hipódromo Argentino de Palermo (inaugurado el 7 de marzo de 1876 con la asistencia de 10.000 personas[59]), fundado primero por un núcleo de irlandeses, pertenecerá luego a la sociedad Jockey Club (a partir de su creación en 1882) y definirá el rostro de la sociabilidad porteña. En 1887, se inaugura el Hipódromo Nacional en el bajo Belgrano –entre las calles Blandengues y Monroe–, en el que también se correrían carreras a la inglesa y que fue asiduamente concurrido por el público hasta su clausura en 1913.[60]

---

[57] Ley N.º 2786 de Maltratamiento de animales Art. 1.
[58] Olga Ochoa, Pedro. "La riña de gallos: seducción de ricos y pobres", en *Todo es Historia*, núm. 28, 1969.
[59] "El Hipódromo Argentino", en *Caras y Caretas*, 1903.
[60] Acridiácono, Fernanda; Belensky, Silvia; Campius, Alicia. "Palermo: un siglo de carreras", en *Todo es Historia*, núm. 125, 1977, pp. 61-75.

En el hipódromo de Palermo, el más antiguo que existe en el país, se inaugura la temporada hípica, por lo general en el mes de Marzo y termina en el mes de diciembre. Cada quince días, ó antes si los hay de fiesta, tienen lugar las reuniones de este hipódromo, á las que asiste numerosa concurrencia, y en las que se disputan los diversos premios, particularmente uno llamado "Nacional", acordado por el gobierno general, otro "Internacional" y otro "Gran Premio de honor". En este último año, en 1890, tuvieron lugar en los dos hipódromos 49 reuniones, en las que se corrieron, por 2627 caballos, 315 carreras alcanzando la distancia recorrida a 574.922 metros.[61]

Desde mediados del siglo XIX, las carreras "al estilo inglés" fueron deslegitimando las antiguas carreras "cuadreras" con su estilo criollo, y significaron un renovado modelo de civilización adoptando las reglas y el universo cultural en materia de entretenimientos públicos introducidos por los británicos.[62] Las cuadreras se realizaban sobre distancias que oscilaban entre los 150 y 500 metros; los jinetes corrían a pelo, con un andarivel tendido sobre estacas que separaba dos huellas paralelas para evitar las malas artes. Las apuestas se realizaban no solo entre el pú-

---

[61] "Carreras", en *Anuario Estadístico de la Ciudad de Buenos Aires*, núm. 1, 1891, Buenos Aires, Compañía Sudamericana de Billetes de Banco, 1892, pp. 591-592.

[62] Sobre la incidencia de los deportes introducidos por los británicos a lo largo del siglo XIX y durante las primeras décadas del siglo XX, y sobre la diseminación de estas prácticas a lo largo del territorio nacional, ver Archetti, Eduardo. *El potrero, la pista y el ring. Las patrias del deporte argentino*, Buenos Aires, Fondo de Cultura Económica, 2001. Para una historia del fútbol y los modelos de masculinidad implantados por los británicos, ver: Archetti Eduardo. *Fútbol, tango y polo en la Argentina. Masculinidades*, Buenos Aires, Editorial Antropofagia, 2003; "Estilos y virtudes masculinas en *El Gráfico*: la creación del imaginario del fútbol argentino", *Desarrollo Económico. Revista de Ciencias Sociales*, vol. 35, núm. 139, 1995, pp. 419-442; y Frydenberg, Julio. "Prácticas y valores en el proceso de popularización de fútbol Buenos Aires 1900-1910", en *Entrepasados. Revista de Historia*, vol. VI, núm. 12, 1997, pp. 7-29.

blico, sino también entre los dueños de los caballos. Estas carreras se ejecutaban cerca de las pulperías y nucleaban a los vecinos y gente de los alrededores.[63] El primer hipódromo para correr carreras "a la inglesa" se habilitó en los terrenos del británico Diego White, en Saavedra, durante el año 1849, fundando así la *Foreign Amateur Racing Society*. En 1857, el primitivo hipódromo se trasladó hasta Belgrano a un terreno delimitado por las actuales calles La Pampa, Melián, Olazábal y Crámer. Las carreras a la inglesa se popularizaron en este hipódromo de Belgrano que, regido por el primer reglamento de carreras sancionado el 11 de julio de 1869 por una comisión especial de la Sociedad Rural Argentina, duró hasta 1875.[64]

De acuerdo a la hipótesis de Oscar Troncoso, los británicos difundieron, a lo largo del siglo XIX, renovados hábitos de ocio al aire libre en la Ciudad de Buenos Aires y sus alrededores, incorporando deportes como el cricket, el tenis, el remo, la esgrima, el golf y el fútbol que dotaron de estatus a los sectores que los practicaban. Estos deportes requerían de un tiempo libre que, en un primer momento, solo fue una posibilidad para los sectores encumbrados. Si bien con el cambio de siglo estos deportes se irán popularizando y diseminando entre sectores más amplios de la sociedad, su ejercicio continuará siendo un referente de refinamiento cultural. En esta redefinición del ocio, los deportes ecuestres como el polo y las carreras a la inglesa serán exponentes paradigmáticos de un proceso en el que un conjunto de pruebas hípicas tradicionales como la

---

[63] Cordero, Héctor. "Fiestas populares", en *El Primitivo Buenos Aires*, Buenos Aires, Plus Ultra, 1978.
[64] Información tomada de Romay, Francisco. *Historia de la Policía Federal*, tomo V, Buenos Aires, Editorial Policial, 1963.

cinchada, la pechada, la corrida de la bandera y el juego de caña irán desapareciendo.[65]

La creación del Jockey Club en 1882 reforzará la dimensión distinguida del Hipódromo Argentino de Palermo al tomarlo a su cargo.[66] Como ha señalado Leandro Losada, el atractivo que la afición por las carreras de caballos despertó en la *haute* ilustra el sustancial éxito del Jockey como club, teniendo en cuenta que la cría de caballos había sido su propósito fundacional.[67] Es relevante señalar que el turf es sin duda un deporte de *gentlemens*, por el dinero que exige el elevage de caballos de sangre pura. Se trata de una práctica que sin embargo no se resume al mero consumo, sino que debe ser también pensada como una forma de inversión para refinar el ganado equino y dotar así al país de una nueva industria. Una comisión de carreras fue creada por las autoridades del Jockey, en 1897, con el objetivo de llevar un registro conocido como *Stud Book*, en el que se inscribirían todos los caballos de sangre pura "fuente de riqueza nacional" para evitar así "productos degenerados y salvajes por cruzamientos sin reglas ni artes".[68]

En relación con la gran fiesta de inauguración del Palacio del Jockey Club en 1897, Francis Korn ha marcado

---

[65] Troncoso, Oscar. *Juegos y diversiones en la Gran Aldea*, Buenos Aires, CEDAL, 1981; *Buenos Aires se divierte*, Buenos Aires, Buenos Aires, CEDAL, 1983. Ver también Troncoso, O., "Las formas del ocio", en *Historia de cuatro siglos*, tomo II, Buenos Aires, abril de 1983.

[66] Jockey Club, *Breve reseña de su obra desde su fundación en 1882 hasta el 31 de Agosto de 1917*, Buenos Aires, 1917, pp. 4-6. "Su propósitos"; "Acta de la Fundación del Jockey Club". Jockey Club, *Reglamento Interno*, Buenos Aires, 1897.

[67] Losada, Leandro. "La alta sociedad en busca del refinamiento", *La alta sociedad en la Buenos Aires de la Belle Époque*, Buenos Aires, Siglo XXI, 2008, pp. 188-197.

[68] "Reglamento de carreras, Capítulo Primero "*Stud Book*", en *Jockey Club, Comisión Directiva para 1903-1904*, Buenos Aires, 1905. Ver también, Muller, Robert, *El Jockey Club de la Calle Florida*, Buenos Aires, Centro Multimedia de la Biblioteca del Jockey Club, 1997.

que "no hay que olvidar que sin caballos no hay Jockey Club".[69] Tres características comunes se acomodan, de acuerdo al análisis de Korn, para calificar socialmente a sus miembros: o eran criadores de caballos, o eran aficionados al turf, o eran amigos de Pellegrini o de alguno de sus amigos criadores de caballos o aficionados al turf. Cien señores que acuden al llamado de Pellegrini a quien, según Groussac, "sus gustos de *sportsman* habíanle llevado a notar la falta de una sociedad hípica sólidamente organizada y capaz de substituirse a las que, bajo nombres diversos, no habían logrado larga existencia ni acción eficaz".[70]

Los matutinos *La Prensa* y *La Nación* dedicarán buena parte de sus secciones de espectáculos y *sport* a anunciar, promocionar y anticipar las fechas de las carreras de caballos, en especial, los grandes premios. Estos anuncios estarán siempre acompañados por un exhaustivo relato de los caballos intervinientes cuya genealogía da cuenta del propietario, madre y padre del espécimen acompañado de un sugestivo pronóstico. Al día siguiente de las carreras, se publican crónicas de las jornadas hípicas en las que se detallan listados de asistencia de nombres distinguidos de la ciudad. La información y necesidad de exhibicionismo señala el lugar fundamental que las carreras de caballos tienen para la sociedad de la época, en especial, para las elites.

Los hipódromos y su entorno, sin embargo, no solo se trataban de instalaciones elegantes y exclusivas y de paseos suntuosos. Muy pronto, las carreras de caballos y sus apuestas se convertirán en un verdadero furor y la búsqueda de la fija en un arte.[71] Si nos detenemos en el

---

[69] Korn, Francis. "La vida social", en Romero, José Luis y Romero, Luis Alberto, *Buenos Aires. Historia de cuatro siglos*, Buenos Aires, Altamira, 2000.
[70] Groussac, Paul. *Los que pasaban*, Buenos Aires, s/r, 1939, p. 214.
[71] Fija: (turf) convicción del apostador en el triunfo de un caballo. En Escobar, Tomás. *Diccionario lunfardo del hampa y del delito*, Buenos Aires, Distal, Buenos Aires, 2004.

Anuario Estadístico de la Ciudad de Buenos Aires, la cifra de concurrentes anuales a los (dos) hipódromos de la Capital para el año 1900 llega a 223.600 personas, pasando a 923.323 en 1910 y a 908.768 en el año 1923, en el que solo permanecía abierto el Hipódromo Argentino de Palermo.[72] Estas cifras ilustran la importancia que adquieren para la sociedad porteña del período el hipódromo, cuyos alrededores se convertirán en el siglo XX en visita obligada de cronistas, bohemios y tangueros.

Imagen 2. Hipódromo Argentino de Palermo (1891)

---

[72] Datos extraídos de la "Sección XIII: Diversiones y Juegos; Movimientos sportivos en los hipódromos y casas de sport de La Capital: Concurrentes al Hipódromo", en *Anuario Estadístico de la Ciudad de Buenos Aires,* 1900; 1910-1911; 1915-1923, Compañía Sud-Americana de billetes de Banco.

Imagen 3. Hipódromo Argentino de Palermo (1910)

2. Frontones, quinielas y loterías: modos de apostar

2.1. Frontones y quinielas: pelotaris a fines del siglo XIX

Los frontones o pelotaris también caracterizaban a aquella ciudad de Buenos Aires anterior al comienzo del siglo XX.[73] Las canchas de pelota fueron introducidas en la Argentina por inmigrantes vascos que trajeron el paredón "Jai alai" (fiesta alegre) para –en palabras del escritor francés Marmier– emplazarlo en América "guardando su alegría nativa, su idioma y sus costumbres que

---

[73] Datos elaborados a partir del cuadro "Movimiento de teatros en el quinquenio 1887-1891", en *Anuario Estadístico de la Ciudad de Buenos Aires*, núm. I, 1891, Buenos Aires, Compañía Sud-Americana de Billetes de Banco, 1892, pp. 384.

trasplantó entre las poblaciones ribereñas de la Boca y del Riachuelo y Barracas para las sanas expansiones de sus faenas y la festiva alfarería de sus reuniones los juegos de pelota".[74]

La Plaza Eúskara, levantada en 1882 por la sociedad vasco-española Laurac-Vat en un terreno de 16.000 metros, fue la primera de América del Sur: tenía capacidad para que cómodamente pudieran instalarse en sus palcos, lunetas y filas 4.000 personas. Según el estudio topográfico de Buenos Aires de 1887, la Plaza Eúskara es la primera escena de pelota con que cuenta Buenos Aires, tanto por los artistas que allí lucen su destreza cuanto por ser el punto de reunión de una distinguida sociedad masculina. La importancia de esta plaza y la afición que ella despertó por el juego de pelota se aprecian fácilmente sabiendo que en 1887 la frecuentaron 39.370 espectadores, y que en el mismo año produjo 116.978,27 pesos.[75]

La misma entusiasta y progresiva afición que determina la fundación de la Plaza Eúskara decide al señor Pedro A. Costa a construir una gran cancha de pelota que se designa con el nombre de Frontón Nacional. El lugar que ocupa ese frontón es cómodo y espacioso, y "el lector se formará una idea acabada de su magnitud sabiendo que tiene 68 elegantes palcos, un vastísimo tendido y que en todo pueden caber sentadas 5.500 personas. Cuenta con un restaurant con piezas para servicio especial, con una

---

[74] Mamier, Xavier. *Buenos Aires y Montevideo en 1850*, Buenos Aires, El Ateneo, 1948.
[75] Ver "Lugares de recreo", Estudio Topográfico de la Ciudad de Buenos Aires, en *Censo General de Población, Edificación, Comercio é Industrias de la Ciudad de Buenos Aires, Capital Federal de la República Argentina: levantado en los días 17 de agosto, 15 y 30 de setiembre de 1887*, tomo I, Buenos Aires, Compañía Sud-Americana de Billetes de Banco, 1889, pp. 214-215.

montaña rusa para las personas jóvenes dedicadas a este ejercicio muy en boga en la Capital, con un departamento de baños y con un globo cautivo que puede remontarse hasta la altura de 1.500 metros". Ubicado en el barrio de Caballito, el Frontón Nacional será también uno de los primeros parques de diversiones de la ciudad con jardines, baños, restaurantes y salas de conciertos. Su primer estatuto nos dice: "Desde que el juego de pelota ha tomado carta de ciudadanía entre nosotros y es hoy espectáculo favorito de nuestro público como las carreras de caballo, se imponía la erección de un local amplio y cómodo en armonía con nuestro grado de cultura y el número siempre en aumento de los aficionados a este nuevo y atrayente sport. El *Frontón Nacional* responde ampliamente a esta doble necesidad".[76]

En la calle Moreno entre Buen Orden y Tacuarí, existió también una cancha pública de pelotas conocida por el lenguaje popular como Cancha Moreno, a la que concurrieron, en 1887, 5.090 espectadores de los sectores menos acomodados de la sociedad porteña, y que se diferenciaba del Club de Pelota "sostenido por una asociación de personas distinguidas" que con diecinueve reuniones había recibido en el trascurso de 1887 a 14.400 concurrentes.[77] A partir del año 1894, la Cancha Moreno contará con un novedoso sistema de iluminación eléctrica que le permitirá realizar apuestas de *sport* nocturnas sobre 422 partidos de frontones y 801 quinielas con un total de apuestas de

---

[76] Llanes, Ricardo, "Primer estatuto del Frontón Nacional", *Canchas de pelota y reñideros de antaño*, Buenos Aires, Cuadernos de Buenos Aires, 1981, pp. 23-226.

[77] "Lugares de recreo", Estudio Topográfico de la Ciudad de Buenos Aires en *Censo General de Población, Edificación, Comercio é Industrias de la Ciudad de Buenos Aires, Capital Federal de la República Argentina: levantado en los días 17 de agosto, 15 y 30 de setiembre de 1887*, tomo I, Buenos Aires, Compañía Sud-Americana de Billetes de Banco, 1889, pp. 209-217.

309.976 pesos moneda nacional, que junto al Frontón Buenos Aires ascenderán a un total de apuestas de 2.141.089 pesos moneda nacional.[78]

Es sin duda el Frontón Buenos Aires el principal lugar de juego de pelota, quinielas y apuestas de la ciudad durante la última década del siglo XIX. Situado en la calle Córdoba al 1130, disponía de una cancha abierta y otra menor cerrada con una capacidad para 2.500 personas sentadas. Había sido inaugurado en 1889 y el 13 de abril de 1890 concentró 12.000 concurrentes en el acontecimiento cívico conocido como *"Meeting* del Frontón", que sería el prolegómeno de la revolución que estallaría el 26 de julio de ese mismo año. El Frontón Buenos Aires será también un criticado círculo de apuestas. La sección de espectáculos que abre el periódico *La Nación* durante los años 1890-1899 cierra diariamente su pequeña columna con el anuncio "Frontón de Buenos Aires. Extraordinario partido para la segunda hora de hoy", en el que se informa el nombre de los pelotaris contrincantes y los porcentajes pagados por las apuestas de partidos y quinielas. El diario *La Prensa* publicará entre 1890 y 1900, en su sección de diversiones públicas, los remates para las quinielas y partidos concertados por la empresa Frontón Buenos Aires. En los avisos puede leerse el detalle de cada "extraordinario partido" en el que se describen las características de cada una de las quinielas. A modo de ejemplo, podemos detenernos en un anuncio de junio de 1890 en el que pueden leerse las características de las

---

[78] "Movimiento sportivo habido en los hipódromos, frontones y casas de sport de la Capital 1890-1895", en *Anuario Estadístico de la Ciudad de Buenos Aires*, Buenos Aires, Compañía Sud-Americana de Billetes de Banco, 1896, p. 446. Hasta el año 1894, el registro estadístico se detenía en las cantidades jugadas en el Frontón Buenos Aires. A partir de este año, el registro estadístico mantendrá índices separados de las cantidades jugadas en el Frontón de Moreno y en el Frontón Buenos Aires.

tres quinielas concertadas: "1ª Quiniela mano a mano a 10 tantos; 2ª Quiniela de dos contra dos a 10 tantos; 3ª Quiniela mano a mano a 15 puntos".[79]

> A fines de 1890 el empresario del Frontón de Buenos Aires tuvo la feliz para él pero perjudicial idea para el país, de alternar los partidos de pelota con otra llamada "quinielas", en la que un cuadro de doce o de quince jugadores, jugando cada cual por su cuenta, se presenta a disputar el triunfo, es decir, llegar primero á realizar el número de tantos que fija el programa. Luego, para que el público mate sus ocios, mientras dura este partido, ó asista con más entusiasmo á la lucha que se entabla, el mismo empresario ha colocado pequeñas oficinas donde se venden boletos á favor de todos los jugadores que entren en el partido. De esta fructífera iniciativa ha nacido lo que se llama "venta de boletos de quinielas" y la, cada día más extendida afición del público por este juego. Lo mismo que en el sport de las carreras, en el frontón se divide la cantidad entregada por los perdedores, entre los ganadores, menos una comisión de 9% que el empresario se reserva como remuneración de servicios. Los resultados de esta venta han sido tan extraordinarios tanto en el Frontón como fuera de él, en las casas que se han abierto con este fin, que han llamado la atención de la Municipalidad, la que le ha fijado un impuesto del 3%. Los compradores de boletos de quinielas pagan pues, hoy un 12% por este juego; pero asimismo, el monto de las cantidades jugadas mensualmente no desciende, sino que, al contrario aumenta de una manera alarmante.[80]

Las apuestas sobre partidos de frontones, sobre quinielas y sobre carreras de caballos podían realizarse tanto

---

[79] *La Prensa*, 29 de junio de 1890, p. 7.
[80] Ver "Movimiento sportivo de los teatros año 1890", "Frontones" y "Cantidades de dinero jugadas en las quinielas del Frontón de Buenos Aires durante el año 1891", en *Anuario Estadístico de la Ciudad de Buenos Aires*, núm. I, 1891, Buenos Aires, Compañía Sud-Americana de Billetes de Banco, 1892, pp. 583 y 595-596.

en el emplazamiento de los dos hipódromos y frontones como en las entonces denominadas casas de *sports* a través de boletos que recibían y pagaban este tipo de jugadas, así como todo tipo de "boletos de quinielas" que se realizaban sobre los ganadores. En una crónica de *La Nación* de 1895, pueden leerse algunos detalles de aquellas casas de apuestas:

> En el interior, la opresión era muchísimo mayor. Entre la luz veñada por el humo de cigarros habanos, de cigarros de paja, de cigarros Cavour, de Bahía y paraguayos, de cigarrillos Sin Bombo, Sportmen o atorrantes, se veía un gran salón enorme con grandes columnas. Un mostrador inmenso corre a todo lo largo, por el costado izquierdo, al fondo otro mostrador, y al frente, otro mostrador. Las paredes de la derecha están todas cubiertas de pizarras mecánicas, que suben y que bajan a cada instante y en las que diversos empleados hacen sus anotaciones. Voces de oferta y demanda, compra y venta de boletos de sport [...]. Los empleados en el mostrador inmenso no dan abasto; la gente entre Aquila opresión –cuatrocientas personas á lo menos– pecho contra el mostrador, espalda contra espalda, pasando los brazos con dinero en la mano sobre los hombros del vecino, grita, gesticula, se atropella, se ahoga con la ceguedad del mártir del vicio: el jugador. Hemos estado en la bolsa, en la rueda y en el salón de socios, en los momentos de pánico. Pues bien, la Bolsa en esos momentos es un funeral al lado de cualquier noche en el Turf club. ¡Qué concurrencia! Entre el humo y la ola de calor sofocante, entre la atmósfera que ahoga y los pechos que se oprimen con toda la fuerza de la multitud que no cabe en el recinto, entre el clamor de voces y trueno de conversación esforzadas para oírse o el grito de los que transmiten órdenes. Hay militares, changadores, escribanos, abogados, carniceros, estudiantes, menores de edad, médicos montepleros, albañiles y yeseros con su blusa, vendedores de diarios y de lotería, cocheros, ladrones retratados por la policía. Cuanto puede imaginarse en una ensalada que desgraciadamente tiene olor a ajos, lo que

sería mucho mejor [...] ¡Qué círculo de Dante! Pero ¿qué hace toda esa gente? ¡Juega! ¿Cómo? Comprando boletos... boletos para todos los caballos de las carreras, boletos a partidos y quinielas de frontones, boletos a los partidos a las decenas o millares de loterías de Montevideo o de la Capital, a la laza o la baja del oro; y como el juego tiene su interés inmediato, porque el jugador no tiene paciencia, se juegan quinielas a la pelota, de noche, en la cancha Moreno, a la luz eléctrica, y eléctricamente viene también al Turf Club el resultado de cada una de esas quinielas que se va anotando en las pizarras y los jugadores cobran entonces sus boletos, si han ganado o los rompen si han perdido.[81]

Basta recorrer la prensa de la época para advertir que la palabra *sport* -que originalmente surge dentro del ámbito del turf para definir los pronósticos acerca de un inscripto, favorito o enemigo en las carreras de caballos que estaría en condiciones de salvar el importe de la apuesta con una modestia ganancia- se extiende a una constelación más amplia de apuestas mutuas sobre partidas de billar, frontones y quinielas.[82]

En palabras del estadístico Alberto Martínez:

Además del juego público, consistente en la compra de boletos de sport, existe el juego privado de persona a persona, sobre el cual la estadística no posee ningún dato para apreciarlo pero cuyas proporciones no han de ser menores que las del juego público. Así, sumada a las cantidades jugadas en el sport, se juega una fuerte suma de dinero en las apuestas que se celebran entre los particulares. Es lícito suponer que estas representasen un 50% de las primeras, y entonces se

---

[81] *La Nación*, 4 de junio de 1895.
[82] Para una definición más extendida del concepto de *sport*, ver Escobar, Raúl, *Diccionario lunfardo del hampa y el delito*, Buenos Aires, Distal, 2004, pp. 369. Ver también Norvello, Roberto. *Historia del turf*, Buenos Aires, CEDAL, 1971.

tiene, como suma total de lo jugado en las carreras de 1890, 23.427.496 pesos y en 1891, 18.203.168 pesos.[83]

Los registros estadísticos municipales sobre las carreras verificadas en los años 1889-1891 permiten ilustrar que el monto total de lo jugado en apuestas de caballos asciende durante el año 1890 a 15.618.331 de pesos moneda nacional, mientras que el total jugado en "quinielas de frontones" para el año 1891 llega a 5.328.906 pesos moneda nacional, 1.298.138 pesos moneda nacional jugados en casas de *sport* que recibían quinielas de pelotas y billar, y 4.030.768 pesos moneda nacional jugados en los frontones "llamando la atención de la Municipalidad".[84]

Es preciso anotar que si nos detenemos en el cuadro sobre movimiento *sportivo* en casas de *sport* publicado por el *Anuario Estadístico de la Ciudad de Buenos Aires* durante el período 1890-1900, podemos advertir que las apuestas en estas casas solo se llevan a cabo durante los años 1890, 1891, 1892 y 1895, para luego desaparecer.[85] Si se observa el cuadro de referencia, se hace evidente la

---

[83] "Carreras" en *Anuario Estadístico de la Ciudad de Buenos Aires, núm. I-1891*, Compañía Sud- Americana de Billetes de Banco, Buenos Aires, 1892, pp. 591-592

[84] Los datos de referencia han sido elaborados a partir de un cruce de los cuadros "Estadística de las carreras verificadas durante los años 1889-1891"; "Movimientos de teatros en el quinquenio 1887-1891" y "Cantidades de dinero jugadas en las quinielas del Frontón de Buenos aires durante el año 1891" en *Anuario Estadístico de la Ciudad de Buenos Aires N1-1891*, Compañía Sudamericana de Billetes de Banco, Buenos Aires, 1892 y "Movimiento sportivo en los Hipódromos, Frontones y Casas de sport de la Capital durante los años 1890-1895" en *Anuario Estadístico de la Ciudad de Buenos Aires*, Compañía Sud- Americana de Billetes de Banco, Buenos Aires, 1901, p. 446.

[85] "Movimiento sportivo habido en los Hipódromos, Frontones y Casas de sport de la Capital, durante el último decenio, años 1890-1900" en *Anuario Estadístico de la Ciudad de Buenos Aires*, Compañía Sud- Americana de Billetes de Banco, Buenos Aires, 1901.

destacada cifra de apuestas sobre carreras de caballos en casas de *sport*, que asciende –en 1890– hasta 4.762.306 de pesos moneda nacional, para cerrar –en 1895– con una cifra de apuestas de 2.654.704 pesos moneda nacional. La cifra más significativa en quinielas de billar y pelota jugadas en casas de *sport* se presenta en el trascurso del año 1892, con una cifra de 3.880.520 pesos moneda nacional. En efecto, en la misma sección correspondiente a los años 1893 y 1894, se establece que "en el corriente año no se ha concedido permiso para abrir estas casas".

El movimiento *sportivo* en los hipódromos de la Capital durante los años 1890-1905 ilustra un sustancial aumento de concurrentes: se pasa de 108.450 a 438.100 durante el año 1905. Los frontones no logran la misma suerte; la preeminencia del juego de quinielas en el Frontón de Buenos Aires pasará de la exponencial suma de 4.030.768 de pesos moneda nacional apostados a esta disciplina en 1891, a la reducida suma de 720.500 pesos moneda nacional durante el año 1899, para perder su vitalidad con el cambio de siglo.[86] Las apuestas en quinielas de pelotas no sobrevivirán a la llegada del siglo XX. El vocablo "quiniela", sin embargo, se convertirá –en lunfardo– en un sinónimo de las apuestas clandestinas que subsistirán de forma paralela a la lotería oficial durante todo el siglo XX.

---

[86] "Estadísticas de las carreras verificadas en los años 1889-1891", en *Anuario Estadístico de la Ciudad de Buenos Aires*, núm. I, 1891, Buenos Aires, Compañía Sud-Americana de Billetes de Banco, 1892, pp. 593; y "Movimiento sportivo habido en los Hipódromos de la capital durante los años 1890-1905" "Frontón Jugado en pesos en quinielas de pelota", en *Anuario Estadístico de la Ciudad de Buenos Aires*, Buenos Aires, Compañía Sud-Americana de Billetes de Banco, 1901, p. 271.

2.2. Lotería de Beneficencia Nacional

La Lotería de Beneficencia Nacional se estableció de forma definitiva en 1895 con la sanción de la Ley 3313, y –como describía *Caras y Caretas*– se convirtió en un verdadero furor urbano. Desde su fundación, los beneficios líquidos que resultaban de los sorteos deberían ser aplicados al sostenimiento de hospitales y asilos públicos de la Capital Federal (60%) y de las provincias (40%). La Ley 3313 prohibía la introducción de otra lotería en la Capital, como así también todo expendio de billetes en sus calles, penando a los infractores con multas y arrestos. Así, el Estado prohibía la introducción y venta, en la Capital Federal y territorios nacionales, de toda otra lotería que no fuera la autorizada y que devendría –desde entonces– clandestina e ilegal, y toda venta de boletos de *sport* que no se rigiera por lo dispuesto en la Ley. La Lotería de Beneficencia Nacional se legitima como una institución de carácter benéfico asegurando el monopolio del manejo estatal del juego.

La LBN se dividió en dos tipos de sorteos: los ordinarios y los extraordinarios. El sorteo de navidad del 24 de diciembre será uno de los sorteos extraordinarios de cada año y se convertirá en un masivo ritual urbano. A estos sorteos, se suman también sorteos especiales que se organizaban por iniciativa del Congreso o del Poder Ejecutivo con el fin de recaudar fondos para una cuestión puntual. De este modo, por ejemplo, se organizó en 1899 un sorteo de un millón de pesos del que se esperaba obtener una ganancia del 25% a fin de ayudar a distintas poblaciones de las provincias de Chubut y Santa Cruz afectadas por inundaciones.[87] En el resumen del extrac-

---

[87] Ley N.º 3791, Anales de Legislación Argentina, Buenos Aires, Editorial La Ley. Diario de Sesiones de la Cámara de Diputados, 1899, pp. 643-644

to de la lotería del año 1900, puede verse la mención a dos sorteos especiales: el 25 de mayo, en beneficio de los inundados de Chubut y Santa Cruz, y el 14 de julio, en beneficio del Sanatorium de Córdoba.[88] Durante este período, la provisión de agua potable en distintas provincias también se subvencionó con recursos provenientes de la LBN.[89] Una característica común a los proyectos mencionados es que en todos ellos los beneficiarios son distintos Estados provinciales, por lo cual, no es ilícito suponer que entre fines del siglo XIX y principios del XX, el Estado nacional utilizó los recursos provenientes del juego como un paliativo para las arcas provinciales.[90]

---

y 683; Diario de Sesiones de la Cámara de Senadores, 1899, pp. 485-486 y 491-492.

[88] "Lotería de Beneficencia Nacional, 1900", en *Anuario Estadístico de la Ciudad de Buenos Aires*, Buenos Aires, Compañía Sud-Americana de Billetes de Banco, 1901. La Ley 3807 (1899) había autorizaba el sorteo de una lotería especial a fin de reunir la suma de 200.000 pesos para construir un sanatorio para tuberculosos en Santa María, Córdoba.

[89] La Ley 3967 (1900), por su parte, autorizaba al Poder Ejecutivo para proceder a la construcción de obras destinadas a proveer de agua potable a las ciudades de Jujuy, Mendoza, La Rioja, Santiago del Estero, Salta, Corrientes y Santa Fe, y la ampliación de las existentes en San Luis, San Juan y Catamarca. Para atender el pago de esos trabajos se destinaba el 50% de la suma que le correspondería a cada provincia beneficiada, en virtud de lo dispuesto en el artículo 7 de la Ley 3313 que disponía que el 40% del producto de la LBN estaría destinado a las provincias.

[90] Pedetta, Marcelo, "Cara y cruz. Estado, juego oficial y juego clandestino antes de 1936", en *Fuera de la Ley*, Jornadas de Discusión, Buenos Aires, Universidad de San Andrés, 18 y 19 de julio del 2010. El autor ha podido fotografiar las memorias y libros de actas de la Lotería de Beneficencia Nacional que se encontraban sin catalogar en un archivo externo del hipódromo de San Isidro al que ya no se tiene acceso. El autor ha compartido conmigo esos registros fotográficos que se citan a lo largo de esta obra y que con las únicas fuentes disponibles sobre la Lotería de Beneficencia Nacional. Muchos de esas fuentes se citan de forma indirecta en las obras de Elía, Oscar Horacio. *La intervención del Estado en la explotación por apuestas*, Buenos Aires, Lotería de Beneficencia Nacional y Casinos, 1974; Elía,

El público urbano acompañó los sorteos extraordinarios y especiales agotando los extractos. Como señalaba el magazine *Caras y Caretas*[91] de 1901, las colas frente a las agencias de lotería y las salas de sorteos atestadas de público se convertirán en un paisaje habitual de la ciudad durante las primeras décadas del siglo XX. De acuerdo al *Anuario Estadístico de la Ciudad de Buenos Aires*, en 1900 la Lotería de Beneficencia Nacional vendía 2.122.000 billetes con un valor de emisiones de 25.940.000 pesos moneda nacional, acordando 19.355.000 pesos en premios, obteniendo un beneficio líquido de 3.580.126 pesos. Este valor de emisiones aumenta en 1905 a 30.520.000, en 1910 a 38.175.000, y en 1923 a 53.700.00 pesos, dando cuenta de la importancia de este juego para la sociedad porteña y de su significativa capacidad recaudadora.[92]

Oscar. *La lotería de Buenos Aires. 1812-1962: síntesis histórica*, Mar del Plata, Lotería de Beneficencia Nacional y Casinos, 1962; Elía, Oscar. *La lotería del Buenos Aires*, Buenos Aires, Lotería de Beneficencia Nacional y Casinos, 1962.

[91] *Caras y Caretas*, año IV, núm. 169, "La lotería del millón. El poseedor del billete favorito", 28 de diciembre de 1901.

[92] Datos extraídos de la "Sección XIII: Diversiones y Juegos; Cantidades Jugadas en La Lotería de Beneficencia", en *Anuario Estadístico de la Ciudad de Buenos Aires*, 1900; 1905; 1910-1911; 1915-1923. Buenos Aires, Compañía Sud-Americana de Billetes de Banco.

Imagen 4. Lotería de Navidad (1901)

Todos esperaban ser los agraciados. Todos, hasta los que no jugaban.
Pasa con la lotería como con los platos apetitosos aunque indigestivos. Sabemos que éstos nos van á hacer daño, pero los comemos. Tachamos de inmoral á la lotería, pero jugamos.
Con mayor motivo tratándose del premio de un millón. El día 24 por la mañana, antes del sorteo, no quedó jugador en Buenos Aires que no cayese en augurios, combinaciones mágicas de números, sueños, cábalas y conjuros.
La impaciencia, el ansia y la nerviosidad del público eran mayores entre los que presenciaban el sorteo. Conforme iban saliendo las cifras afortunadas, la gente se ponía más inquieta.
—No sale el mío—pensaba cada uno.—¡No lerán los números al revés!
Pero el anhelo crecía aguardando el premio grande. Faltaba poco para que, como en los teatros, gritasen los concurrentes.
—¡Que salga el millón!
Y salió llenando de desaliento y desconsuelo á la mayoría. Se vinieron al suelo infinidad de castillos en el aire, y los que no tenían billetes

La velocidad será un punto clave de las extracciones y de la modernización de la lotería. En 1895 se imprimían 2.404.000 billetes de lotería en la flamante máquina "Minerva Prusiana", que en diciembre de 1893, la entonces lotería de Beneficencia Municipal había comprado por la suma de 1.801,50 pesos para imprimir los extractos de los sorteos en el edificio de la administración.[93] En su período municipal (1893-1894), la lotería debió solucionar los problemas que se presentaban para lograr una rápida impresión y distribución de los extractos:

> Durante los primeros meses, el más serio inconveniente con que hemos chocado, ha sido la morosidad en la impresión de los extractos, lo que se explica pues no obstante la actividad desplegada por los empleados en todas las operaciones del sorteo y en la corrección de pruebas, era necesario enviar a los originales a la Compañía Sud Americana, encargada de la impresión y naturalmente que esto implicaba la demora forzosa por la distancia, aparte de que el más leve error, tan grave tratándose de los números del extracto, creaba dificultades, que traían consigo una gran pérdida de tiempo. Por esta razón los gantes recibían sus extractos de 8 a 9 pm, lo que como se comprenderá acusaba suma lentitud, si se tiene en cuenta que la extracción terminaba de 2 a 3 de la tarde. La única forma de zanjar esta dificultad, que principalmente venía a perjudicar a los agentes, era que la administración adquiriese una imprenta que funcionase en su mismo local, lo que tuve el honor de proponer a esta comisión, concediéndoseme autorización para la compra de máquinas, tipos y demás útiles. [...] Una vez instalada la imprenta tuvimos oportunidad de palpar las ventajas que nos proporcionaba, pues actualmente no solo no se empieza el tiraje de extractos a las 3 y 30 pm, sino que también se confeccionan los formularios de las oficinas.[94]

En 1896 la Lotería de Beneficencia Nacional adquiere una máquina rotativa de la casa Maroni "que hace en poco

---

[93] Lotería de Beneficencia Nacional. Libro de Actas, tomo I, octubre de 1893 a julio de 1895, pp. 40-41.
[94] Lotería de Beneficencia Nacional. Memoria y Balance General desde su fundación hasta diciembre de 1894, Buenos Aires, 1895, p. 4.

más de media hora el tiraje de 7.500 extractos, lo que permite sean entregados inmediatamente a todos los agentes".[95] Así terminan de perfeccionarse los talleres gráficos de la lotería para entregar "los extractos en seguida de practicado el sorteo". La certificación y fiscalización de los sorteos estaría a cargo de un escribano legalizaría la repartición de las extracciones: "El punto más delicado de la lotería, puesto que su exactitud y legalidad constituyen la base sobre la que descansa el crédito y la confianza que el público deposita en una institución como la nuestra".[96] La lotería termina entonces de definir un sistema de apuestas, recaudación y beneficencia cuyo modelo continuará vigente hasta la sanción de la Ley de Lotería de Beneficencia Nacional y Casinos del año 1944.[97]

Desde entonces, la confianza depositada en los números de la lotería configura un conjunto de rituales urbanos sobre agencias estrella, boletos ganadores y números de la suerte publicados por la *Guía de la Lotería de Beneficencia Nacional* de lectura tan obligada como el libro *El ermitaño adivinador de sueños*, con datos claves para interpretar los sueños y sus números correspondientes según las artes adivinatorias de la entonces célebre Madame de Thébes.[98] La ciudad se convirtió, entonces, en un escenario de cábalas y de fijas: creencias traspasadas al terreno secular.[99]

---

[95] Memoria de la Lotería de Beneficencia Nacional correspondiente al ejercicio administrativo de 1896, Buenos Aires, p. 3.
[96] Memoria de Repartición de la Lotería de Beneficencia Nacional correspondiente al ejercicio administrativo de 1895, Buenos Aires, p. 33.
[97] Para un análisis de las políticas sobre juego a nivel nacional y provincial a partir de los años treinta, ver la Tesis Doctoral de Pedetta, Marcelo. "'La Fuente de los deseos'. El Casino durante la democratización de Mar del Plata. Políticas públicas, empleados y prácticas de sociabilidad (1936-1955)", en producción.
[98] *El ermitaño adivinador de los números de la lotería mediante la explicación de sus sueños. 26.000 sueños explicados correspondientes a los 26.000 números de la lotería*, Buenos Aires, Imprenta Archelli y Viarengo, 1918.
[99] Lears, Jackson. *Something for Nothing. Luck in America*, Nueva York, Viking Penguin, 2003.

Capítulo II
Biblioteca vs. Lotería

> "No es un secreto para nadie que este templo laico no se erigió desde un principio bajo la advocación de Minerva, la diosa augusta del arte y la sabiduría."[100]
>
> Paul Groussac

Introducción

La inauguración del segundo edificio de la Biblioteca Nacional fue un acontecimiento significativo en la vida cultural de la ciudad. Con la apertura de sus puertas de la calle México, se consolidó, el 27 de diciembre de 1901, un proyecto que reforzaba la importancia simbólica y material de un nuevo inmueble dedicado exclusivamente a la promoción de la lectura, "a todos los amigos del saber y clientes del libro: maestros o estudiantes, profesionales de las ciencias y las letras o simples aficionados a la lectura provechosa, sin distinción de edad ni sexo, de condición o nacionalidad".[101] En palabras del magazine *Caras y Caretas*, "años hacía que no se celebraba en Buenos Aires una fiesta intelectual tan simpática y de tan alto significado".[102] La concurrencia fue selecta: al director de la Biblioteca Paul Groussac y al ministro de Instrucción Pública Serú, se sumaban "el Presidente de la república, los ministros, el

---

[100] Groussac, Paul. "Inauguración de la Biblioteca Nacional. Discurso del Director", en *Anales de la Biblioteca Nacional*, tomo II, 1902.
[101] Ibíd.
[102] "Inauguración de la Biblioteca Nacional", en *Caras y Caretas*, año V, 4 de enero de 1902.

cuerpo diplomático y delegaciones universitarias y de los centros científicos y literarios, todo en el marco brillante de las distinguidas damas pertenecientes a nuestro mejor mundo social".[103] El Himno Nacional se entonó por la banda de Policía para dar paso a la orquesta dirigida por Alberto Williams, que interpretaría la *Sinfonía en sol menor* de Mozart, el *Siegfried* de Wagner y *La última primavera* de Grieg.

En 1897, la Lotería de Beneficencia Nacional había adquirido ese mismo terreno de la calle México 564 a fin de construir allí un edificio para su funcionamiento. Tres años después, el 27 de diciembre de 1900, el Poder Ejecutivo decidía por decreto asignar a la Biblioteca Nacional el palacio originalmente destinado a la Lotería. Para entonces, la inversión efectuada por la Biblioteca Nacional en la construcción del inmueble ascendía a 553.200,19 pesos moneda nacional.[104] Al año siguiente, la Ley 4018 destinó la suma de 100.000 pesos provenientes del juego a la Biblioteca. El dinero estaría consignado a completar la instalación edilicia y a adquirir material bibliográfico. La inversión total realizada por la Lotería en la construcción del edificio de la Biblioteca Nacional ascendió a 812.918,24 pesos moneda nacional, y la Lotería continuó funcionando en la calle Belgrano 666 hasta 1931.

Como consecuencia de la mudanza de la Biblioteca Nacional al edificio de la Lotería y de la posterior subvención de 1901 para costear los gastos de la mudanza, la refacción del palacio y la ampliación de las arcas bibliográficas, se generaron una serie de fricciones jurisdiccionales entre ambas instituciones estatales. La pluma de Paul Groussac, director de la Biblioteca Nacional, se levantará

---

[103] Ibíd.
[104] Groussac, Paul. "Inauguración de la Biblioteca Nacional. Discurso del Director", en *Anales de la Biblioteca Nacional*, tomo II, 1902, p. 368.

en varias ocasiones contra la lotería y el hipódromo para denunciarlos como modelos de decadencia cultural. Como demostró Marcelo Pedetta, si bien suele afirmarse tanto desde el campo político como desde la jurisprudencia y aun desde la historiografía que las posturas frente al juego tuvieron un carácter condenatorio, las diversas acciones estatales –que se nutren de las arcas del juego– le otorgan una significativa complejidad.[105] La asignación de fondos a la Biblioteca Nacional dio pie para que surgieran proyectos similares destinados a instituciones afines: subsidios al Museo Histórico Nacional y al Archivo General de la Nación se harán efectivos entre 1902 y 1903. En efecto, si se observa de cerca, el vínculo entre los juegos de azar y la gestión cultural posee un carácter zigzagueante tanto en el organigrama estatal como en el universo cultural de la ciudad.

1. Inauguración de la Biblioteca Nacional

1.1. Un nuevo edificio para la Biblioteca

El segundo tomo de *Los Anales de la Biblioteca* –revista dirigida por Groussac que había reemplazado a *La Biblioteca* desde el año 1900– publicaba en 1902 una noticia descriptiva de la inauguración de la Biblioteca y transcribía el discurso inaugural de su director. En estos documentos –albergados en la Sala del Tesoro de la Biblioteca Nacional–, puede leerse que el local era elegante, espacioso y reunía "todas las condiciones de higiene y

---

[105] Pedetta, Marcelo. "Cara y cruz. Estado, juego oficial y juego clandestino antes de 1936", en *Fuera de la Ley*, Jornadas de Discusión, Buenos Aires, Universidad de San Andrés, 18 y 19 de julio del 2010.

comodidad apetecibles".[106] El edificio fue diseñado primero y remodelado después –para los fines específicos de la Biblioteca– por el arquitecto italiano Carlo Morra, "quien en pocos meses realizara las reformas complementarias a la acomodación".[107] Las grandes escaleras de mármol, las estatuas –alegóricas de las deidades de la fortuna–, las barandas de hierro –con esculturas en forma de bolilleros–, las cúpulas y las arañas formaban un "templo laico".[108] Se trataba de un edificio lujoso "como los palacios griegos", "una mansión del espíritu borrando de sus honradas paredes todo vestigio profano o recuerdo inoportuno".[109] De acuerdo a Paul Groussac, el cambio de destino del edificio de la calle México se había dado "imitando el ejemplo de aquellos prelados de la reconquista española que, apenas recuperada Toledo o Córdoba, convertían en catedrales cristianas las mezquitas árabes, con sólo transformar los emblemas del culto". Y asegura: "También nosotros, después de nuestra pequeña victoria sobre la media luna, no destruimos nada para aprovecharlo todo. Acá y allá modificamos algunos muebles o aparatos de uso para nosotros desconocido y que no parecían destinados al estudio; desnaturalizamos, si vale la pena la expresión administrativa, ciertos atributos espaciales a modo de ruedas o de esferas, que a mi ver no simbolizaban con acierto la astronomía o la navegación y que hallareis sustituidas en las salas vecinas por globos celestes o geográficos de construcción más correcta".[110]

---

[106] Groussac, Paul. "Nota preliminar a la inauguración de la Biblioteca Nacional", en *Anales de la Biblioteca Nacional*, tomo II, 1902.
[107] Groussac, Paul. "Inauguración de la Biblioteca Nacional. Discurso del Director", en *Anales de la Biblioteca Nacional*, tomo II, 1902, p. 363.
[108] Ver apartado "Breve historia de la Biblioteca en imágenes", en González, Horacio. *Historia de la Biblioteca Nacional. Estado de una polémica*, Buenos Aires, Ediciones de la Biblioteca Nacional, 2010.
[109] Ibíd., p. 365.
[110] Ibíd., p. 365.

Paul Groussac enuncia en el discurso inaugural de la Biblioteca la importancia del cambio de objetivo del edificio y establece un juicio positivo sobre el rumbo moral e intelectual que este gesto develaba en la agenda estatal. "*Felix Culpa*" exclama Groussac al dar cuenta en el discurso de apertura de cada uno de los pasos que llevaron a la Biblioteca hasta la calle México. Todo comienza por "una coincidencia que me abstengo de llamar providencial, pero en la cual me place ver un efecto de esa lógica inmanente de las cosas muy superior a la lógica de los hombres, acaeció que, a punto de terminarse el edificio, pareciera a muchos observadores harto desproporcionado con su objeto primitivo al propio tiempo que otros lo encontraban adecuado para hospedar dignamente a la institución benéfica y civilizadora por excelencia".[111] En efecto, "resultaba tan evidente la conveniencia de un cambio de destino que bastó –me cumple proclamarlo sin ambages– una respetuosa indicación para que nuestros anhelos se convirtieran en realidad. El señor Presidente de la República quiso cerciorarse personalmente de lo bien fundada de nuestra instancia: vino, vio y quedó convencido. Al día siguiente se redactaba el decreto reparador. Las ciencias y las letras, parientes pobres entre nosotros de la prensa y la política, habían conseguido al fin su asilo propio en relación con la dignidad y la cultura del país".[112] Y para concluir, explica que "lo demás vino de suyo. El Honorable Congreso proveyó a la instalación cómoda y decente que la higiene y el gusto moderno exigen para estos establecimientos".[113]

Es conocida la importancia que Groussac había adquirido desde su nombramiento como director de la Biblioteca Nacional en 1885 y la forma en que su figura se había

---

[111] Ibíd., p. 363.
[112] Ibíd., p. 364.
[113] Ibíd., p. 365.

transformado en un elemento clave del campo intelectual del período.[114] La intervención estratégica para la obtención del nuevo edificio de la Biblioteca puede situarse en tres niveles de lectura. Por una parte, da cuenta de la proximidad de Groussac con los representantes de gobierno, en especial, con Carlos Pellegrini, con quien Groussac mantenía una entrañable amistad.[115] Por otra parte, ilustra una temprana puesta en valor de la relación entre los inmuebles materiales y la promoción del desarrollo cultural. En efecto, como ocurrirá con las escuelas ornamentadas para los festejos del Centenario, Groussac advierte que la suntuosidad del inmueble de la Biblioteca y su refinamiento podrían ser elementos clave en la promoción de la lectura y la ampliación de su público.[116] Años más tarde, a finales de la década del veinte, el despliegue de los *palacios plebeyos* del cine también encontrará en el lujo y la ostentación edilicios las claves para atraer masivamente al público.[117] En tercer lugar, la postura crítica de Groussac frente a la lotería da cuenta de una lectura en clave negativa sobre los juegos de azar, compartida por varios integrantes de la sociedad letrada del período.

Como ha señalado Ricardo Salvatore, la crisis económica y política de 1890 había desplegado una crisis de racionalidad que habilitaba que el derrotero del período 1890-1900 fuera juzgado a través de una lectura moral de

---

[114] Ver Bruno, Paula. *Paul Groussac, una estrategia intelectual*, Buenos Aires, Fondo de Cultura Económica, 2005; y Tesler, Mario. *Paul Groussac en la Biblioteca Nacional*, Buenos Aires, Ediciones de la Biblioteca Nacional, 2006.

[115] Ver Gallo, Ezequiel. *Carlos Pellegrini*, Buenos Aires, Fondo de Cultura Económica, 1998.

[116] Bertoni, Lili Ana. *Patriotas, cosmopolitas y nacionalistas. La construcción de la nacionalidad a fines del siglo XIX*, Buenos Aires, Fondo de Cultura Económica, 2001.

[117] Cozarinsky, Edgardo. *Palacios plebeyos*, Buenos Aires, Sudamericana, 2006.

la economía redefiniendo algunos aspectos del liberalismo que nunca antes habían sido puestos en cuestión.[118] Así, una serie de prácticas privadas como la prostitución, el consumo de alcohol y el juego se construyeron en males sociales de manera más radicalizada.[119] El juego en el cambio de siglo despierta una serie de significativas controversias en el seno de la opinión pública letrada de la ciudad de Buenos Aires, en la medida en que "en él se dejan fortunas, se malgastan actividades y se pierden reputaciones".[120] En julio de 1901, el intendente Bullrich decretó la expulsión de todo empleado municipal que concurriese a las carreras, en especial, de los que manejasen dinero.[121]

En este contexto, el discurso inaugural del director de la Biblioteca Nacional se posiciona contra el juego al tiempo que intenta no extremarse "en severidad contra la lotería".[122] Groussac confiesa: "Poco me he dedicado al estudio de la excrecencia social que siquiera de este sitio ha sido extirpada y me dicen rescata en gran parte lo discutible de sus medios con lo plausible de sus fines: ignoro, pues, si ella tiene aquí raíces más hondas que en otros países en formación, donde la vida fácil y la fortuna inestable son el primer obstáculo para el ahorro". Y argumenta:

> Llegado el caso de tratar este tema, creo que lo haría valiéndome de mi situación neutral, sin exageraciones puritanas o farisaicas. Si todo juego interesado es un mal, siquiera econó-

---

[118] Salvatore, Ricardo. "The Normalization of Economic Life: Representations of the Economy in Golden-Age Buenos Aires, 1890-1913", en *Hispanic American Review*, núm. 81, vol. 1, 2001, pp. 1-44.
[119] Ver Ingenieros, José. "Prólogo", en Gómez, Eusebio. *La mala vida en Buenos Aires*, Buenos Aires, Juan Roldán Editor, 1908.
[120] Bilbao, Manuel, *Buenos Aires. Desde su fundación hasta nuestros días. Especialmente el período comprendido en los siglos XVIII y XIX*, Buenos Aires, Imprenta de Juan A. Alsina, 1902, "Capítulo CXI. El juego", p. 482.
[121] Ibíd., p. 480.
[122] Groussac, Paul. "Inauguración de la Biblioteca Nacional. Discurso del Director", en *Anales de la Biblioteca Nacional*, tomo II, 1902, p. 366.

mico, no parece dudoso que la forma aquí aludida sea la más benigna de todas. El peligro mayor del juego consiste en la fascinación que la lucha personal ejerce y pronto salva todo límite: su verdadera inmoralidad se funda en el placer propio extraído del dolor ajeno, y es con razón que cada lance suele llamarse "golpe". Me cuesta confesar que ambos elementos perniciosos faltan casi por completo (amen de todo fraude posible) en nuestro virus atenuado: por una parte, el jugador no tiene adversario. Por la otra, una administración prudente gradúa y espacia las raciones, sabiendo que una indigestión posible perjudicaría por igual a la nodriza y a la criatura. Además quedaría por averiguar, dada nuestra índole pecaminosa, si este vicioso externo, que deja intacta a la persona, no es el derivativo de otros más funestos: v. gr. el alcoholismo, que anula al individuo, y cuya ausencia casi completa en nuestra clase obrera forma el accidente más notable de la demografía argentina. Sin duda, más valdría ser económico que sobrio: pero si alguno de nuestros sagaces "estadígrafos" me demostrase que el artesano argentino, arrebata a la taberna las monedas que deja caer en el cepillo de la agencia, creo que faltaría convicción para condenarlo. En suma, seamos tolerantes con la flaqueza humana, diciéndonos que la ilusión aleatoria es a su modo una poesía, y que la rápida esperanza que consuela un instante de la realidad representa la pizca de ensueño con que ha menester sazonarse la existencia más prosaica. Llamémosla, si queréis, una morfina del alma, pero sin olvidar que el hada adormecedora del dolor físico se torna inofensiva cuando es absorbida en dosis limitadas e intermitentes.[123]

El cambio de destino del edificio de la Lotería a la Biblioteca será para Groussac una "razón colectiva" destinada a ilustrar "el rigor ejemplar de la opinión pública".[124] Y "si alguna moraleja se extrajera de este episodio administrativo no podría sino en redundar en alabanza del recto sentido público".[125]

---

[123] Ibíd., pp. 364-365.
[124] Ibíd., p. 365.
[125] Ibíd., p. 364.

1.2. Los fondos de la Biblioteca Nacional

Ni el discurso inaugural de la Biblioteca ni la flamante ceremonia de apertura podrían haber ocurrido en diciembre de 1901 sin el amplio debate parlamentario que derivó en la Ley 4018 que comenzó en la sesión de la Cámara de Diputados del día 1º de julio de 1901. Ese día, el diputado Juan Argerich, junto con los legisladores Marcos Avellaneda y Mariano de Vedia, presentó un proyecto de ley en virtud del cual la Lotería de Beneficencia Nacional debería entregar a la Biblioteca Nacional 100.000 pesos moneda nacional en cuotas mensuales que no bajarían de 3.000 pesos moneda nacional ni excederían los 5.000 pesos. En dicha sesión, el diputado Argerich fundamentó que su iniciativa buscaba proporcionar a la Biblioteca Nacional los medios que le permitieran enriquecer el fondo de libros, revistas y publicaciones periódicas citando como ejemplo el caso de la Biblioteca de Chicago, que en menos de un decenio había hecho llegar a un millón la cantidad de libros de su biblioteca.[126]

El diputado Gómez expresó su oposición basándose en que las ganancias de la Lotería Nacional tenían un objeto especial de beneficencia destinado a hospitales y asilos, y que estos fondos no podían cambiar de destino sin lesionar los motivos de su creación. Ante este comentario, el diputado Argerich respondió que sabía que dentro de los fondos de la Lotería existían sobrantes que permitían atribuir fondos a la Biblioteca. Por otra parte, el diputado Avellaneda señalaba que cuando el Poder Ejecutivo había resuelto mudar la Biblioteca Nacional al edificio destinado a la Lotería, no se había contemplado la partida correspondiente para atender a los gastos de traslado y de

---

[126] Diario de Sesiones de la Cámara de Diputados, 1901, pp. 248-249, 648-650 y 857-858.

instalación. El proyecto de ley presentado tendía a satisfacer esa deficiencia y a satisfacer los gastos imprevistos. Además, agregó que la Lotería Nacional podía efectuar esa distribución sin que se vieran afectadas las sumas destinadas a los hospitales y asociaciones de beneficencia de toda la República. De ese modo, "se podía contar con una biblioteca que haría honor a la capital de la República porque era sabido que esas instituciones civilizadoras eran las que mejor representaban la cultura de la gran ciudad".[127]

El 26 de septiembre, el proyecto fue tratado en el Senado, y el senador Carlos Pellegrini expuso que el lugar que ocupaba la Biblioteca Nacional era "estrecho, incómodo y perjudicial para los tesoros que contenía y que por ese motivo se había ordenado su traslado al palacio construido para la Lotería". Para esa mudanza eran necesarios fondos que la ley proponía fueran sufragados con fondos de la Lotería Nacional, con grandísimo provecho para la Biblioteca y para todos los que concurrían allí a aprovechar sus beneficios. Si se votaba en ese momento, el edificio podría ser inaugurado ese mismo año. Aprobada la iniciativa, quedó sancionada la ley por la que la Lotería de Beneficencia Nacional entregaba a la Biblioteca Nacional la suma de 100.000 pesos moneda nacional, en cuotas mensuales que no bajarían de 3.000 pesos ni excederían los 5.000 pesos. Ese importe fue destinado a la instalación y a los nuevos fondos documentales.[128]

En 1893, luego de ocho años bajo la dirección de Paul Groussac, la Biblioteca Nacional contaba con 62.707 volúmenes repartidos en 32.805 obras, de entre las cuales 3.886 eran obras literarias.[129] Los libros que pueblan los estantes

---

[127] Diario de Sesiones de la Cámara de Diputados, 1901, pp. 248-249, 648-650 y 857-858.
[128] Diario de Sesiones de la Cámara de Senadores, 1901, pp. 368-369 y 918.
[129] Groussac, Paul. *Sobre la Biblioteca de Buenos Aires (1810-1901). Edición conmemorativa de su instalación en el nuevo edificio inaugurado el 27*

de una biblioteca pública pueden señalar –de acuerdo a la perspectiva de Franco Moretti (1999)– una tradición de lecturas. ¿Qué fondos se adquieren para la inauguración del nuevo edificio de la Biblioteca Nacional? ¿Qué tradición de lecturas se traza? Moretti propone establecer similitudes y diferencias seriales entre los libros que pueblan los anaqueles de las bibliotecas de préstamos de los distintos espacios, provincias y regiones, reconociendo que toda serie es una construcción arbitraria. La consulta de los catálogos –de las *circulating libraries* en Inglaterra, de los *cabinets de lecture* en Francia– le permitió la elaboración de ciertos indicadores de "lo que se habría podido leer (o no se habría podido leer)" durante un período determinado. ¿Qué nos develan los catálogos disponibles de la Biblioteca Nacional?

Los catálogos del período plantean una serie de reparos metodológicos para articular una respuesta. Entre 1893 y 1931, existieron siete catálogos metódicos que actualmente se encuentran en la Sala de Referencia del sexto piso de la Biblioteca Nacional. El primer Catálogo Metódico de la Biblioteca Nacional fue ideado y elaborado por Paul Groussac y se publicó en 1893: "En 500 páginas a dos columnas" reunía "lo que en aquella época existía de *Ciencias y Artes* en la Biblioteca Nacional".[130] Aquel catálogo cuenta con un prefacio redactado por Paul Groussac que narra la historia de la Biblioteca Pública de Buenos Aires devenida en Biblioteca Nacional y fue entregado en forma de folleto conmemorativo el día de la inauguración del edificio de la calle México, "como un obsequio modesto a nuestros huéspedes de este día y un recuerdo de la inauguración del

---

de diciembre de 1901, Buenos Aires, Imprenta y Casa Editora de Coni Hermanos, 1901, pp. LXIX-LXX.
[130] Martínez Suviría, Gonzalo. "Prólogo", en *Catálogo Metódico de la Biblioteca Nacional*, tomo séptimo, Literatura (tomo segundo), Buenos Aires, Talleres Gráficos de la Biblioteca Nacional, 1931.

nuevo edificio".[131] El segundo tomo del Catálogo Metódico de la Biblioteca Nacional se publicó en 1900 y recopiló todo el material existente en la Biblioteca en materia de Historia y Geografía.[132] Recién en 1911 se publica el tercer tomo del Catálogo Metódico de la Biblioteca, que será también el primer tomo sobre literatura.[133] Tal vez sea este catálogo –junto al séptimo tomo de 1931, el segundo tomo de literatura– el único comparable con la propuesta metodológica de Moretti. Los tomos cuatro, cinco y seis de los catálogos metódicos serán publicados en 1915, 1919 y 1925, y reunirán todo el material existente en la Biblioteca Nacional sobre derecho, ciencias y artes e historia y geografía (tomo 2), consecutivamente.

El tercer tomo "demoró 10 años y fue impreso en el pequeño taller de la Biblioteca Nacional".[134] Este tomo, "que no fue menos elegante que sus hermanos mayores", reunía los volúmenes disponibles sobre literatura y fue el primer catálogo publicado luego de la inauguración del nuevo edificio.[135] Si comparamos el catálogo con la propuesta metodológica de Franco Moretti (1999), podemos advertir que la Biblioteca Nacional contaba en sus anaqueles de 1901 con un abanico de literaturas disponibles entre las

---

[131] Ver Groussac, Paul. *Sobre la Biblioteca de Buenos Aires (1810-1901) Edición conmemorativa de su instalación en el nuevo edificio inaugurado el 27 de diciembre de 1901*, Buenos Aires, Imprenta y Casa Editora de Coni Hermanos, 1901. La noticia histórica también fue publicada junto con el discurso inaugural del director en una edición de 1938 por la Casa Editora Jesús Menéndez.

[132] *Catálogo Metódico de la Biblioteca Nacional*, tomo segundo, Historia y Geografía, Buenos Aires, Imprenta y Casa Editora de Coni Hermanos, 1900.

[133] *Catálogo Metódico de la Biblioteca Nacional*, tomo tercero, Literatura, Buenos Aires, Taller Tipográfico de la Biblioteca Nacional, 1911.

[134] Martínez Suviría, Gonzalo, "Prólogo", en *Catálogo Metódico de la Biblioteca Nacional*, tomo séptimo, Literatura (tomo segundo), Buenos Aires, Talleres Gráficos de la Biblioteca Nacional, 1931, p. IX.

[135] Ibíd., p. X.

que figuraba un espectro de literaturas tanto extranjeras como canónicas. En los estantes de la Biblioteca Nacional de 1901, podían encontrarse las grandes novelas inglesas y francesas del siglo XIX, *Don Quijote* y varias novelas rusas. Como ocurría en las bibliotecas de las más diversas regiones europeas, la mayoría de la literatura que circulaba en la Biblioteca Nacional de 1901 era literatura extranjera. La falta de fuentes que hayan registrado un listado de los títulos específicamente adquiridos para la inauguración del nuevo edificio no nos permite asegurar, sin embargo, que los fondos documentales literarios publicados en 1911 fueran consecuencia directa del subsidio de la Lotería de Beneficencia Nacional.

Imagen 5. El gordo (1902)

Imagen 6. Cambio de lugar (1904)

2. Juego, cultura y masculinidad

2.1. El *meeting* contra el juego

Tres días después de la sanción de la Ley 4018 que habilitaba el subsidio para la Biblioteca Nacional con fondos de la lotería, se produce en la ciudad de Buenos Aires un *meeting* contra el juego para el que concurrieron a la Plaza de Mayo unas 5.000 personas. El objetivo de este *meeting* era solicitar al Presidente de la República la inclusión de los proyectos de los diputados Cantón y Lacasa en los asuntos de prórroga. Los proyectos de referencia se habían presentado el 2 de septiembre ante la Cámara de Diputados y buscaban prohibir los juegos de azar en la ciudad de Buenos Aires. El proyecto del diputado Pastor Lacasa[136] cuestionaba la venta de boletos de *sport* en los dos hipódromos de la ciudad (el Nacional y el de Palermo), la venta de boletas en las quinielas de frontones y canchas de pelotas, y el establecimiento de casas en las que se expendiesen boletas de *sport* –bajo cualquier nombre que fuese– castigándose con fuertes penas y multas a los que faltasen a cualquier artículo de la ley. Además, se buscaba castigar la venta de billetes de lotería clandestina con tres meses de prisión y prohibir a los empleados de los bancos de la Nación e Hipotecario su asistencia a cualquier reunión de *sport* bajo pena de exoneración. Por su parte, el

---

[136] Pastor Lacasa fue abogado, juez del crimen, profesor de historia, camarista en la judicatura bonaerense, presidente de la Corte Suprema bonaerense y ministro de Obras Públicas del gobernador de Buenos Aires, Julio Costa. Conservador, ejerció como Diputado de la Nación durante cinco períodos. Mandatos: 1896-1900; 1900-1904; 1904-1908; 1908-1912, todos por la provincia de Buenos Aires. Falleció el 24 de junio de 1922. (Los datos biográficos de los Diputados presentados a lo largo del texto han sido elaborados a partir de información suministrada por la Dirección de Información Parlamentaria; Honorable Cámara de Diputados de la Nación).

diputado por Tucumán Eliseo Cantón, había presentado en la misma sesión un proyecto más radicalizado tendiente a suprimir toda clase de loterías.[137]

El *meeting* contra el juego del 29 de septiembre de 1901 no era la primera movilización de estas características que conocía la ciudad de Buenos Aires. Como ha sido analizado por la historiografía reciente, una amplia tradición de movilizaciones públicas, bien organizadas, había signado la vida de la sociedad civil porteña de fines del siglo XIX. Salvo contadas excepciones –como la violenta contienda de febrero de 1875 que culminó con un incendio que conmovió a la ciudad–, los *meetings* encontraban una valoración positiva en la "opinión pública" de la vida republicana de Buenos Aires. En efecto, se valoraba tanto el derecho de reunión como el ejercicio de la intervención pública para presionar, peticionar y protestar ante el Estado en beneficio de alguna causa considerada de interés colectivo (Sábato, 1994). Como ha sido también ampliamente indagado, la prensa y las asociaciones civiles encontraron en la ciudad de Buenos Aires de las últimas décadas del siglo XIX y las primeras décadas del XX un fervor paradigmático, y ocuparon un lugar medular tanto en el reclutamiento para las convocatorias, como en las detalladas instrucciones para dar lugar a las movilizaciones (Di Stefano, 2002).[138]

---

[137] Eliseo Cantón nació en Tucumán en 1861. Era médico cirujano recibido de la Universidad de Buenos Aires. Como diputado conservador, representó en tres oportunidades a la provincia de Tucumán (en los períodos 1888-1892, 1894-1898 y 1898-1902) y en dos ocasiones a la Capital Federal (en los períodos 1904-1908 y 1908-1912). Falleció el 21 de junio de 1931.

[138] Para una mayor problematización del concepto de *esfera pública*, ver Cecchi, Ana. "Esfera pública y juegos de azar: del *meeting* contra el juego al allanamiento de domicilio privados. Prensa, parlamento y Policía en Buenos Aires (1901-1902)", en *Cuadernos de Antropología Social*, núm. 32, Buenos Aires, 2010, pp. 101-207.

La diversidad de sectores sociales y asociaciones movilizados en torno al juego durante el *meeting* de 1901 resulta sorprendente. Una constelación de más de cien asociaciones nacionales y extranjeras reunieron alrededor de 9.000 firmas para prohibir los juegos de azar. Como ha señalado Juan Suriano, la combinación de racionalismo, moralismo y puritanismo que impregnaba los discursos del período muchas veces hacía converger la preocupación de los líderes libertarios por el uso del tiempo libre de los trabajadores con los reclamos de sectores liberales reformistas y con circuitos de obreros católicos.[139] Claro que el uso del tiempo tenía una naturaleza diferente según la situación de los trabajadores. Esto significa que había un tiempo libre considerado normal, producto del descanso dominical, de los feriados religiosos y patrióticos, y otro donde el ocio era forzado por situaciones de desocupación o de empleo eventual. Este espacio temporal podía llenarse en el café, en la calle o incluso se asociaba a la tentación permanente del juego, legal o clandestino, ofrecida por una multitud de garitos, agencias de lotería o carreras de caballos a los que podía asistir un porteño: no es difícil, entonces, pensar que todos aquellos sectores con algún proyecto determinado de sociedad, alternativo o no, pensaran y miraran el tiempo libre de los sectores populares con criterios normativos.[140]

El *meeting* contra el juego de 1901 reflejaba las ansiedades de la relación entre el ocio, el juego y el mundo del trabajo en el cambio de siglo. El orador oficial del *meeting*, el socialista Alfredo L. Palacios,[141] denunciaba en su discurso frente a Casa de Gobierno "las graves perturbaciones que producía el juego en el orden moral y económico y los

---

[139] Ver Suriano, Juan. *Anarquistas. Cultura y política libertaria en Buenos Aires, 1890-1910*, Buenos Aires, Editorial Manantial, 2001.
[140] Ibíd., pp. 146.
[141] Alfredo Palacios (1880-1965) fue abogado socialista. En 1904 será electo como diputado siendo el primer diputado socialista de América Latina.

peligros que representa para la sociedad",[142] y sentenciaba que "la pasión del juego causaba entre nosotros la pérdida de los hábitos del trabajo. Este perjuicio enorme que afecta a los individuos afecta también a la sociedad, y en ningún país más que en el nuestro puede sentirse su influencia desquiciadora, pues todo su desenvolvimiento progresivo depende solo de la labor constante de sus hijos".[143] El orador termina su discurso señalando "el peligro inminente en que se encuentra la sociedad, y aconsejo al pueblo a combatir la pasión del juego, a peticionar a los poderes públicos la supresión de las loterías y los hipódromos".[144]

Un mes antes del *meeting*, el matutino *La Prensa* había publicado un informe sobre las "Causas de la miseria. El juego en la economía doméstica. Loterías y carreras. Cifras que aterran. Las coimas de un mes. ¡Casi dos millones de pesos!" como parte integral de la serie "Los obreros y el trabajo".[145] Además de suministrar información acerca de la importancia del juego –tanto el legalizado como el clandestino– en todos los sectores de la sociedad, ofrece una imagen transparente de cómo ciertos aspectos de la vida de los sectores populares y algunos usos y costumbres de su tiempo libre eran vistos, juzgados y estigmatizados por las elites dominantes. El lugar preferencial que este artículo ocupó en la serie –el primero en tratar aspectos específicos de la vida de dichos sectores– muestra la importancia que se les atribuía a las llamadas causas morales en la generación de la pobreza y la miseria, aun teniendo

---

[142] *La Nación*, 30 de septiembre de 1901, "El *meeting* contra el juego. Petición al gobierno y al congreso".
[143] *La Nación*, 30 de septiembre de 1901, "El *meeting* contra el juego. Petición al gobierno y al congreso".
[144] Ibíd.
[145] *La Prensa*, 18 de agosto de 1901, "Causas de la miseria. El juego en la economía doméstica. Loterías y carreras. Cifras que aterran. Las coimas de un mes. ¡Casi dos millones de pesos!".

en cuenta los matices que se estaban introduciendo. Por otra parte, la exaltación que se hace de la política aplicada por algunas empresas que prohibían la presencia de sus empleados en hipódromos y casas de *sport* muestra también cuán difusos eran los límites entre lo que se consideraba público y lo privado.[146]

No serán, sin embargo, los pliegos presentados por el *meeting* contra el juego los discutidos en las cámaras de Diputados y Senadores a partir de mayo de 1902, sino un proyecto de Ley de Represión del Juego formulado por un ex funcionario de policía devenido diputado: Rufino Varela Ortiz.[147] Rufino Varela Ortiz resaltaba la importancia que la Ley 33313 de Lotería de Beneficencia Nacional tenía para el bienestar general en la medida en que nutría las arcas de buena parte de las sociedades de beneficencia, y proponía entonces una ley que respaldara su supervivencia y la recaudación derivada de ella.[148] Los intereses públicos y privados se tensaban en los debates parlamentarios sobre la ley de represión del juego: algunos diputados reclamaban la legitimidad de la Lotería de Beneficencia Nacional para el "bienestar general"; otros proponían buscar formas menos inmorales de financiamiento para la asistencia pública. Una de las medidas que se plantearon giraba en torno a

---

[146] Ver los comentarios de Ricardo González. "¿Qué nos muestra La Prensa?" y "Causas de la miseria. El juego en la economía doméstica. Loterías y carreras. Cifras que aterran. Las coimas de un mes. ¡Casi dos millones de pesos!", en *Documentos vivos de nuestro pasado. Los obreros y el trabajo. Buenos Aires, 1901*, Buenos Aires, Centro Editor de América Latina, 1984, pp. 11-15 y 82-85.

[147] Rufino Varela Ortiz nació en 1863 y falleció el 2 de marzo de 1907. Era conservador antijuarista. Ejerció como diputado de la Nación durante seis períodos: 1887-1888 (por Córdoba) en reemplazo de Juan M. de la Serna; 1888-1892 (por Córdoba); 1892-1896 (por Buenos Aires); 1898-1900 (por Capital Federal); 1900-1904 (Capital Federal); 1904-1908 (Capital Federal).

[148] Diario de Sesiones de la Cámara de Diputados, 1899, pp. 146-148.

un proyecto "de impuestos progresivos a las herencias".[149] Sin embargo, buena parte de los diputados no encontraron en esta una forma sustitutiva que garantizara "el bienestar general" y "la beneficencia", y votaron a favor del proyecto Varela Ortiz.

Otro punto de conflicto en el debate sobre la Ley de Represión del Juego se remitía a la intervención policial. El proyecto de Varela Ortiz presentaba ciertas distinciones en torno a la garantía "de las acciones privadas" cuando se trataba del juego en "los centros sociales superiores" y cuando "juega el pueblo en las casas de sport y de quinielas".[150] Los argumentos de Varela Ortiz resultan de interés en esta dirección: "¿Cuál es el perjuicio que puede producir en los centros sociales superiores? Ninguno. En cambio hay que evitar que el ahorro del pobre vaya a ser robado por un vendedor de billetes de sport o por una tómbola. Esas son las plagas sociales que la legislación en todas partes del mundo persigue y procura evitar".[151] Así el proyecto buscaba respetar "el libre arbitrio del juego como parte de una acción privada" y autorizar, al mismo tiempo, la intromisión de la Policía allí donde se trate de garitos de juego clandestino al que acude la masa del pueblo y que "socavan la fortuna destinada a beneficencia".[152] Varela Ortiz argumenta y concluye: "El juego en los clubes no constituye delito de orden moral ni legal, son simples expresiones de la sociedad. Hay que curar allí donde la enfermedad puede ser peligrosa, no en los centros superiores de la sociedad".[153]

---

[149] Diario de Sesiones de la Cámara de Diputados, 9 de junio de 1902, p. 203.
[150] Diario de Sesiones de la Cámara de Diputados, 9 de junio de 1902, p. 204.
[151] Ibíd., p. 205.
[152] Ibíd., p. 204.
[153] Ibíd., p. 204.

Los discursos entrelazados en el feroz debate sobre la Ley de Represión del Juego el 26 de julio de 1902 reclamaban una justicia "eficaz", "urgente" para hacer frente al "cáncer social" del juego.[154] El bienestar público y las alusiones a la beneficencia se entretejieron con discursos tendientes a otorgar plenos poderes a la Policía de la Capital. El diputado Helguera[155] retoma en el debate el estudio de la legislación francesa para demostrar la importancia de una legislación "práctica" y "eficaz". Ante el malestar por el despliegue del juego, un derecho práctico y concreto se hacía imperativo. A la legitimidad de un sistema de justicia que respete las instancias y los tiempos procesales, considerado por algunos perjudicial y funesto, se oponen las plenas atribuciones policiales. En este mismo sentido, el debate se extiende sobre la facultad de la Policía de efectuar allanamientos donde se realizaran juegos por apuestas, siempre que no se tratara de clubes privados. Tras un discurso de Carlos Pellegrini, que propone facultar a la Policía la ejecución de allanamiento cuando se descubriera la violación de las leyes, se aprueba la moción.[156]

El discurso de Pellegrini[157] argumenta que si bien "el Código de Procedimientos establece que el allanamiento debe ser ordenado por el juez, determinando exactamente el domicilio allanado y las causas del allanamiento, que debe realizarse durante las horas del día, establece excepciones; y –esas excepciones– son necesarias para

---

[154] Diario de Sesiones de la Cámara de Senadores, 26 de julio de 1902, pp. 203-219.
[155] Federico Helguera será diputado del Partido Autonomista Nacional (por Tucumán) durante el mandato 1900-1904.
[156] Diario de Sesiones de la Cámara de Senadores, 26 de julio de 1902, pp. 203- 219.
[157] Para una biografía de Carlos Pellegrini ver Gallo, Ezequiel. *Carlos Pellegrini. Orden y reforma*, Buenos Aires, Fondo de Cultura Económica, 1998.

hacer eficaz la acción policial".[158] Pellegrini sostiene en su acalorado discurso del 26 de julio de 1902:

> Existe la tendencia general en la legislación de todas partes a acordar la facultad de allanar principalmente a la autoridad administrativa y a la autoridad judicial, y la tendencia general es que las órdenes de allanamiento no pueden ser dictadas y no deben ser dictadas sino por jueces. Este es el principio consagrado en la enmienda de la 4ª constitución de los Estado Unidos y consagrado en la legislación inglesa, y es el principio aceptado por nosotros. Pero hay que tener presente que el jefe de policía de la Capital ha sido siempre entre nosotros un juez de policía correccional, un juez sumariante que tenía las facultades judiciales necesarias para incitar sumarios, facultades o jurisdicciones que le fueron retiradas cuando se crearon los jueces correccionales. Lo que esta ley establece ahora es que el jefe de policía, que es uno de los más altos funcionarios públicos que tiene una jerarquía, por lo menos igual si no superior a los jueces correccionales, jueces de paz y alcaldes, que hoy tienen facultad de decretar allanamientos, pueda dar órdenes en ocasiones determinadas bajo su responsabilidad y por escrito, lo que solo importa hacer del jefe de policía en estos casos un juez sumariante a efecto de iniciar sumario y darle facultades indispensables para ello. ¿Hay peligro de abuso? No lo veo. No veo por qué lo habría en un funcionario de la jerarquía del jefe de policía y no lo habría en un juez de paz o un alcalde.[159]

La Ley de Represión del Juego del año 1902 establece así distinciones entre el libre arbitrio del accionar privado de la alta sociedad y los lugares de juego popular, y autoriza el allanamiento de domicilio privado de los garitos populares.

Las discusiones parlamentarias que proyecta el *meeting* contra el juego de fines de septiembre de 1901 (apenas dos

---

[158] Diario de Sesiones de la Cámara de Senadores, 26 de julio de 1902, pp. 203-219.
[159] Diario de Sesiones de la Cámara de Senadores, 1902, pp. 212-213.

días después de sancionado el subsidio a la Biblioteca con los fondos de la Lotería) resultan de interés en la medida en que –luego de largos meses– derivan en 1902 en la sanción de la Ley 4097 de Represión del Juego, que volverá legal el allanamiento de domicilio privado otorgando nuevas funciones a la Policía de la Capital. El carácter represivo de la Ley 4097 resulta problemático en la media en que garantiza el manejo estatal del monopolio del juego legítimo y sus capacidades subsidiarias para el financiamiento de obras públicas. Si se pone de relieve que la Ley de Represión del Juego fue sancionada en el mismo año que la Ley de Residencia (que puso en práctica la expulsión de extranjeros), se hacen evidentes la arena de disputas y síntomas del liberalismo argentino y la vacancia de sentidos de soberanía en materia de derecho(s) privado(s) de sus leyes, que se verá reforzada por Ley de Defensa Social de 1910.[160] Así, la Ley de Represión del Juego autoriza el allanamiento de domicilio privado de los garitos populares, y junto a la famosa Ley de Residencia –sancionada el mismo año– marcará ciertos límites al liberalismo o, en todo caso, a ciertas libertades de la esfera pública proletaria.

---

[160] Barrancos, Dora. "El divorcio en cuestión. Imágenes de la prensa de gran circulación en torno de 1902", en Gayol, Sandra y Madero, Marta (eds.), *Formas de Historia Cultural*, Buenos Aires, Prometeo, 2007, pp. 81-211. Ver También Suriano, Juan. "Introducción: una aproximación a la definición de la cuestión social en Argentina" y "La oposición anarquista a la intervención estatal en las relaciones laborales", en Suriano, Juan (comp.), *La cuestión social en Argentina (1870-1943)*, Buenos Aires, Editorial La Colmena, 2000, pp. 1-28 y 89-109.

Imagen 7. Elementos de juego. Talleres de investigación policial (1912)

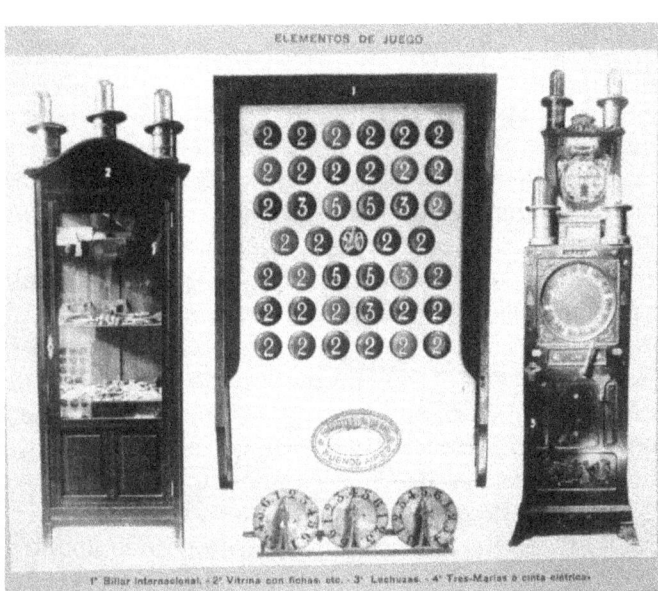

2.2. El juego y las formas culturales

La Ley de Represión del Juego continuará vigente hasta los años treinta, estableciendo una serie de disputas entre policías, jueces y sociedad civil. La amenaza del allanamiento y de la mirada policial sobre la delgada línea que separa las asociaciones con personería jurídica habilitadas para jugar y los garitos de juego ilegal marcará las formas de sociabilidad en la ciudad de Buenos Aires y su continua interacción con los agentes policiales. La intervención policial en clubes de juego en la mitad de la noche, la detención de apostadores y trabajadores de los garitos y la incautación de elementos ilícitos para la ejecución de las apuestas se convertirán en prácticas habituales del paisaje urbano porteño. Así, el juego en los lugares cerrados quedará asociado a la ilegalidad.[161]

La lotería y el hipódromo seguirán siendo legales durante todo el período, y se volverán cada vez más populares.[162] El diputado socialista Adolfo Dickmann será una de las principales voces opositoras al juego en los años veinte, presentando nuevos proyectos de supresión de los juegos de azar en 1925 y en 1927. Si bien estos proyectos no fueron legislados, ilustran la continuidad de la postura socialista contra el juego ya enunciada por Alfredo Palacios a principios del siglo en ocasión del *meeting* contra el juego de 1901. En la Sala del Tesoro de la Biblioteca Nacional, puede leerse el extenso informe seguido del proyecto de Adolfo Dickmann contra el juego, en el que se encuentran argumentos contrarios al lugar ocupado por la lotería en la financiación de las llamadas cuestiones sociales.[163]

A pesar de estas críticas, la Lotería de Beneficencia Nacional continuará subsidiando un amplio abanico de obras públicas. A los beneficios repartidos entre las sociedades de beneficencia, asilos y hospitales de la capital, de las provincias y de los territorios, de acuerdo a los porcentajes fijos establecidos por la ley, se sumarán

---

[161] Para una análisis de estas controversias hasta el Centenario, ver Cecchi, Ana. "Policía y Justicia ante la Ley de Represión del Juego y el allanamiento de domicilio privado, Buenos Aires, 1902-1910", en *Fuera de la ley. Jornadas de discusión sobre delito, policía y justicia en perspectiva histórica (siglos XIX y XX)*, Buenos Aires, Universidad de San Andrés, 25 de Mayo 586, 17 y 18 de junio de 2010.

[162] Pedetta, Marcelo. "Cara y cruz. Estado, juego oficial y juego clandestino antes de 1936", en *Fuera de la ley. Jornadas de discusión sobre delito, policía y justicia en perspectiva histórica (siglos XIX y XX)*, Buenos Aires, Universidad de San Andrés, 25 de Mayo 586, 17 y 18 de junio de 2010.

[163] Dickmann, Adolfo. *Contra el juego: proyectos de supresión de la Lotería Nacional y clausura de los hipódromos*, Buenos Aires, Imprenta de la Cámara de Diputados, 1925.

subsidios extraordinarios de tres tipos: ante situaciones de emergencia,[164] para la construcción de edificios ligados a mejorar las condiciones de salud,[165] y para obras de gestión cultural. En relación con este último punto, como hemos hecho referencia en la introducción, la subvención a la Biblioteca Nacional de 1901 inspiraría la Ley 4030 de Subvención al Museo Histórico Nacional y al Archivo General de la Nación, por la que la Lotería entregó a cada una de las instituciones beneficiadas las sumas de 12.163,51 pesos moneda nacional y 37.836,49 pesos moneda nacional, durante los años 1902 y 1903, respectivamente.[166]

En 1916 se presenta un proyecto para que la Lotería de Beneficencia Nacional subsidie un emprendimiento que va en otra dirección, o que reúne algo de cada una de las tres características mencionadas: la reconstrucción del club Gimnasia y Esgrima y la edificación de una casa modelo de ejercicios físicos. El 16 de julio de 1916, tras disputarse un encuentro internacional, las tribunas del club Gimnasia y Esgrima habían sido incendiadas por el público enardecido. El fuego había destruido por completo las instalaciones

---

[164] En el período 1900-1930, pueden señalarse las siguientes subvenciones extraordinarias: en 1900 se autorizan dos sorteos extraordinarios, uno para subsidiar a los damnificados por inundaciones en Río Negro y el otro para otorgar agua potable a las ciudades de Jujuy, Mendoza, La Rioja, Santiago del Estero, Salta, Corrientes y Santa Fe y la ampliación de las existentes en San Luis, San Juan y Catamarca; en 1906 se aprueba un sorteo para socorrer a las víctimas de la catástrofe de Chile.
[165] En 1908 se subsidia la construcción del Policlínico San Martín (actual clínicas) para la Facultad de Medicina; en 1918 se sanciona un subsidio con destino a la profilaxis y curación de la tuberculosis; en 1926 se subsidia la construcción de un sanatorio marítimo y solarium en Necochea; y en 1928 se autoriza un subsidio para el establecimiento de dos colonias de leprosos en el Chaco y Río Negro.
[166] Memoria de la Lotería de Beneficencia Nacional, correspondiente al ejercicio de 1902, Buenos Aires, 1903, p. 17; y Memoria de la Lotería de Beneficencia Nacional, correspondiente al ejercicio de 1903, Buenos Aires, 1904, p. 10.

del club, cuyas autoridades presentaron al Congreso una solicitud para que los premios sin ganadores de la Lotería Nacional fueran destinados a la reconstrucción de su campo de deportes y a la construcción de una casa modelo de ejercicios físicos. El proyecto proponía: a) reconstruir y ensanchar las instalaciones del club Gimnasia y Esgrima en el parque 3 de Febrero de la Capital Federal, dándoles capacidad para no menos de 40.000 espectadores y saldar el costo de las tribunas incendiadas; b) construir e instalar una casa de ejercicios físicos de acuerdo al Art. 8º de la Ley 6.286. El club Gimnasia y Esgrima tendría a su cargo contratar y dirigir las obras que se construirían de acuerdo a la ley, debiendo los planos ser sometidos a la aprobación del ministro de Obras Públicas. A partir del 31 de enero de 1917, el último día de cada mes, se depositarían en el Banco Nación los fondos provenientes de la prescripción de premios de la Lotería Nacional.[167]

Como compensación de los beneficios que se le acordaban, el club Gimnasia y Esgrima contraía una serie de obligaciones: a) admitir como socios activos, sin cargo, a los cadetes del Colegio Militar y Escuela Naval de la Nación; b) admitir como socios activos, libres de pagos de cuota de ingreso, a los estudiantes matriculados de cualquier universidad nacional; c) mantener en la casa modelo de ejercicios físicos no menos de doce profesores de diferentes deportes cuya enseñanza debería sujetarse a los métodos aprobados por el Ministerio de Instrucción Pública; d) permitir el acceso libre al campo de deportes de los jefes y oficiales del Ejército y Armada de la Nación, los que podrían usar la pileta de natación y demás instalaciones: e) mantener el campo de deportes con todas sus instalaciones a disposición del Ministerio de Instrucción Pública, para que los días martes y viernes no feriados pudieran usarlo los alumnos de

---

[167] Diario de Sesiones de la Cámara de Senadores, 1916, Tomo I, p. 220.

los colegios nacionales; f) suministrar gratuitamente local adecuado para la comisión directiva de las instituciones deportivas nacionales; g) organizar torneos atléticos en los que tomarían parte los alumnos de los colegios y demás instituciones nacionales; i) organizar anualmente un torneo atlético destinado a los niños vendedores de diarios.[168]

En la presentación del proyecto, el senador Manuel Esteves expuso la historia del club Gimnasia y Esgrima que "existía hacía 38 años y había otorgado educación física y moral a 70.000 asociados y tantas otras personas que se había dedicado a los juegos atléticos". La comisión de peticiones y poderes había incluido dentro del proyecto la construcción de una casa modelo de ejercicios físicos que debía mandarse construir y que luego quedaría bajo la dirección y manejo del club Gimnasia y Esgrima, puesto que la casa que tenía el club en la calle Cangallo 1154 era antigua, reducida e inadecuada para su propósito.[169]

El proyecto volvió a ser tratado en la Cámara de Diputados en 1920. El diputado Jacinto Fernández dijo entonces que "mediante esa ley no se hacía dádiva alguna al club Gimnasia y Esgrima, sino que se contribuía a la instalación de un importante establecimiento de cultura física, cuyo funcionamiento beneficiaría a millares de jóvenes sin gasto alguno para el erario. Había además urgencia en realizar esa obra porque el próximo año se celebraría en esta capital un concurso atlético internacional. Esos fondos que tenían un origen tan extraordinario, no podían ser usados en forma más útil que aplicándolos al fomento de la educación física de la juventud".[170] El diputado Juan Frugoni expresó que la educación física se había desenvuelto

---

[168] Diario de Sesiones de la Cámara de Senadores, 1916, Tomo I, pp. 303-307.
[169] Diario de Sesiones de la Cámara de Senadores, 1916, Tomo I, pp. 303-307.
[170] Diario de Sesiones de la Cámara de Senadores, 1920, Tomo I, p. 491.

en nuestro país fuera de la acción oficial, "al arbitrio de lo que pudiera dispensar la generosidad de algún filántropo". "Nos habíamos preocupado poco de la educación física", y destacó "la acción que en ese sentido llevaba a cabo el club Gimnasia y Esgrima".[171] Por su parte, el diputado Rodeyro concluyó que los fondos destinados al club Gimnasia y Esgrima eran para construir un gran campo de ejercicios físicos en la Capital Federal, que era el lugar donde se realizarían todos los grandes torneos, motivo por el cual era necesario contar con un estadio de gran capacidad.[172]

El proyecto entra en las cámaras el 25 de septiembre de 1920 convirtiéndose –por decreto– en Ley 11064 el 9 de agosto de 1921. Allí se establecía que desde el primero de enero de 1922 los fondos provenientes de la prescripción de premios de la Lotería Nacional serían aplicados al cumplimiento de los siguientes fines: a) reconstruir y ensanchar las instalaciones del campo del club Gimnasia y Esgrima en el parque 3 de Febrero; b) construir e instalar la Casa Modelo de Ejercicios Físicos. Al sancionarse la ley, ya se anunciaban sus beneficios: "Sería provechoso para todos, pues a sus ejercicios concurriría mucha gente y los juegos que allí se realizaran atraerían a la juventud retrayéndola de otros juegos y de otros centros a los que ella tenía tendencia a ser llevada y donde perdían su moral y arruinaban su fuente de vida".[173] Así, la lotería hacía posible la reapertura del club Gimnasia y Esgrima y la construcción de una casa modelo de ejercicio que reforzaban el proyecto de una masculinidad atlética en el corazón de la ciudad.[174]

En el lapso comprendido entre los años 1921 y 1934, en cumplimiento de la ley, el club Gimnasia y Esgrima percibió de la Lotería la suma total de 7.573.252 pesos moneda

---

[171] Diario de Sesiones de la Cámara de Senadores, 1920, Tomo I, p. 746.
[172] Diario de Sesiones de la Cámara de Senadores, 1920, Tomo I, p. 934-936.
[173] Diario de Sesiones de la Cámara de Senadores, 1920, Tomo I, p.167-168.
[174] Ver Armus, Diego. *La ciudad Impura*, Buenos Aires, Edhasa, 2001.

nacional.[175] Los fondos se depositaban "directamente por la Administración de la Lotería Nacional en el Banco de la Nación Argentina y en cuenta especial de la que solo pueden ser extraídos mediante libranzas directas del Ministerio de la Obras Públicas y para costear materiales o servicios destinados exclusivamente a la construcción de las obras mismas, las que se llevan a cabo bajo el controlador permanente de la oficina técnica creada a ese efecto por el Poder Ejecutivo".[176] En 1928 se concluye la primera parte del campo de deportes del club Gimnasia y Esgrima y se habilitan las secciones de atletismo, equitación, natatorio, la pista de patinajes, diez canchas de tenis, el primer gimnasio mecánico del país, un completo gimnasio al aire libre, el servicio de comedor y el cinematógrafo. Ese año, la Ley 11064 se modifica parcialmente para agregar al presupuesto la construcción de un estadio en la Capital Federal al que pudiesen concurrir "100.000 personas" y la edificación de un polígono de tiro "tendiente a cumplir la ley de Guerra".[177]

De este modo, la Lotería financió, sintomáticamente, un emprendimiento que tenía –en palabras del acta fundacional del club Gimnasia y Esgrima de 1880– "como uno de los principales objetos la enseñanza metódica de la gimnasia y del manejo de las armas". Se trataba de un proyecto captador de la voluntad de los hombres tendiente a "fomentar el espíritu de unión entre nacionales y extranjeros con el fin de vulgarizar entre nosotros el principio de desenvolvimiento de la fuerza física".[178]

---

[175] Memoria de la Lotería de Beneficencia Nacional de 1935, Buenos Aires, 1936.
[176] Memoria presentada por la Comisión Directiva del Club Gimnasia y Esgrima, Buenos Aires, Club Gimnasia y Esgrima, 1928.
[177] Memoria presentada por la Comisión Directiva del Club Gimnasia y Esgrima, Ejercicio del 1º de julio de 1927-30 de junio de 1928 al Buenos Aires Club Gimnasia y Esgrima, 1928.
[178] Estatutos del Club de Gimnasia y Esgrima fundado en 1880, Buenos Aires, Compañía Sud-Americana de Billetes de Banco, 1889.

Capítulo III
Last Reason y Roberto Arlt: crónicas y aguafuertes en los años veinte y treinta

> "Cada hombre es su propia suerte y su propia yeta."[179]
>
> Roberto Arlt

Introducción

En los capítulos anteriores, el abordaje de la problemática del juego en la ciudad desde los procesos modernizadores, los debates parlamentarios y las sanciones legales evidenció que la ambivalente posición de condena moral y usufructo del juego por parte del Estado no siempre permite develar, desde las fuentes oficiales, todos los detalles de este universo y sus itinerarios. Seguir la propuesta metodológica de Jackson Lears (2003), quien explora textos literarios, crónicas periodísticas y letras de canciones folk sobre el juego y el azar en la sociedad (norteamericana), parece entonces una estrategia adecuada para ampliar y recomponer la historia cultural de la timba en Buenos Aires. En el contexto local, las crónicas y las aguafuertes se comportan como frescos del período y permiten develar posiciones sobre el rol social de los jugadores, trazar recorridos morfológicos de los lugares timberos y elaborar escenarios con actores poco conocidos.

Las crónicas burreras de Last Reason esparcidas en el diario *Crítica* a mediados de los años veinte –y resguardadas en fílmico en la hemeroteca de la Biblioteca

---

[179] *El Mundo*, 24 de enero de 1930, "No crea en la suerte amigo".

Nacional– aparecen como una fuente ineludible. Sus columnas publicadas a lo largo de la semana, y en especial los sábados, defienden el uso del lunfardo, los códigos reos y el mundillo del turf al tiempo que sellan una posición original dentro del campo periodístico.[180] Junto a las ilustraciones del Mono Taborba –*El mundo es un hipódromo* y las *Hípicas*– la sección "Carreras: todos los hipódromos" de *Crítica* tuvo un fuerte impacto entre el público del período. El halo de misterio que cubría a la figura de Last Reason (seudónimo de Máximo Sáenz) y el vínculo particular que mantenía con los lectores a los que se dirigía –la sociedad masculina porteña aficionada al turf los sábados y las señoras y señoritas los jueves a través de su Consultorio Patológico– generaron para el cronista una popularidad considerable.[181] Last Reason convence a sus lectores de dos cosas: "Que la vida es buena y que el optimismo cabe lo mismo en la mansión del rico que en la última pieza de un conventillo".[182] En sus recuadros costumbristas, "se halagan ciertos vicios, se ponderan defectos, se sanciona la existencia de algunas vidas irregulares, se enaltece el coraje, la hombría de los machos y la fidelidad de las hembras".[183] Last Reason se autodefine como reo y simpatiza con los códigos del submundo hípico que merodea el Hipódromo Argentino de Palermo.[184] Como señala el estudio de García Cedro, "si el turf ofrece un sentido de pertenencia, Last Reason demuestra su pertenencia y eso lo autoriza a entrometerse, a emitir juicios, hacer propuestas y ya en su

---

[180] Saítta, Sylvia. *Regueros de tinta. El diario* Crítica *en la década de 1920*, Buenos Aires, Sudamericana, 1998.
[181] Unamuno, Miguel. "Prólogo a la segunda edición", en *A rienda suelta*, Buenos Aires, Colihue-Biblioteca Nacional, 2006.
[182] Lanata, Oscar. "Prólogo a la primera edición. Lo que sé del Reo Last Reason", en Last Reason, *A rienda*, Buenos Aires, Gleizer, 1925.
[183] Lanata, Oscar. "Prólogo a la primera edición. Lo que sé del Reo Last Reason", en Last Reason, *A Rienda*, Buenos Aires Gleizer, 1925.
[184] Inaugurado en 1876 con una asistencia de 10.000 concurrentes.

Consultorio Patológico a aleccionar a los que no forman parte de esa realidad".[185]

Las *Aguafuertes porteñas* de Roberto Arlt, publicadas desde la aparición del tabloide *El Mundo* en mayo de 1928, también hablan sobre la timba. El exhaustivo trabajo de recopilación documental de Daniel Scroggins (1981) en la hemeroteca de la Biblioteca Nacional[186] nos permitió identificar los títulos de las aguafuertes referidas al juego –que desde agosto de 1928 llevarán la firma de Arlt[187]– y construir una serie que describe un universo de quinieleros; hombres que sueñan números, juegan y pierden; fijas, trampas, tongos y muchos, muchos millones de pesos. Antes de poner "un pie en el estribo"[188] y saltar a otras geografías y otras latitudes,[189] Arlt describe en sus aguafuertes un universo bien porteño, con el que se cruza al recorrer la ciudad. En este submundo urbano, se "elogia la vagancia",[190] la máxima aspiración es "sacarse la grande"[191] y el gran deshonor es "ser visto en el hipódromo".[192] Como ha señalado Ricardo Piglia (2009), Arlt titula sus crónicas usando el modelo de

---

[185] García Cedro, Gabriel. "Aguantías hípicas", en *A rienda suelta*, Buenos Aires, Buenos Aires, Colihue-Biblioteca Nacional, 2006, p. 14.
[186] Scroggins, Daniel. "Lista de artículos publicados por Roberto Arlt en el diario *El Mundo* entre el 19 de mayo de 1928 y el 24 de abril de 1933", en *Las aguafuertes porteñas de Roberto Arlt*, Buenos Aires, Ediciones Culturales Argentinas, 1981, pp. 275-296.
[187] Saítta, Sylvia. *El escritor en el bosque de ladrillos. Una biografía de Roberto Arlt*, Buenos Aires, Debolsillo, 2008.
[188] *El Mundo*, 8 de marzo de 1930.
[189] A las *Aguafuertes porteñas* seguirán las *Aguafuertes fluviales* de agosto a octubre de 1933, las *Aguafuertes patagónicas* de 1934, las *Aguafuertes españolas* de 1935 y 1936 y la columna "Al margen del cable", en la que desde 1937 Arlt se ocupará de las noticias mundiales. Ver Corral, Rose. "Un argentino piensa en Europa: Roberto Arlt en sus última crónicas", en Arlt, Roberto, *El paisaje en las nubes. Crónicas en* El Mundo *1937-1942*, Buenos Aires, Fondo de Cultura Económica, 2009.
[190] *El Mundo*, 18 de marzo de 1929, "Elogio a la vagancia".
[191] *El Mundo*, 23 de diciembre de 1930, "Si nos sacamos la grande".
[192] *El Mundo*, 21 de octubre de 1932, "No diga que me vio en el hipódromo".

una técnica gráfica (las aguafuertes, el ácido que fija la imagen) porque quiere fijar un retrato, registrar un modo de ver.[193] La mirada de Arlt sobre el universo del juego encuentra en las *Aguafuertes porteñas* una entonación crítica pero didáctica. Arlt provee de algunos detalles clave a sus lectores –"sobre el arte de saber perder a la lotería"[194]– y también algunos consejos: "No crea en la suerte amigo".[195] Las *Aguafuertes porteñas* constituyen así un singular fresco sobre la timba en la ciudad, sobre su "crepúsculo"[196] y su "risorgimiento".[197]

1. Las crónicas de Last Reason y la valoración del mundo hípico

1.1. Cronista criollo

El viernes 2 de mayo de 1924, Last Reason publica su primera crónica en el diario *Crítica*. Bajo el título de "Ecce Homo", se presenta como cronista del turf e instala un alegre pacto con sus lectores:

> Soy lector de los que piensan que la alegría es la única cosa barata en esta tierra de cosas caras, y creo que todo aquello que deba obtenerse con la risa en los labios no debe buscarse con el ceño fruncido. Escribir alegremente, burlonamente es un placer que a veces suelen compartir los lectores; de ahí que yo me tire el lance de hacerme el rana por el lado de la prosa festiva y atropelle contra todas las barreras de lo

---

[193] Piglia, Ricardo. "Prólogo", en Arlt, Roberto, *El paisaje en las nubes. Crónicas en* El Mundo *1937-1942*, Buenos Aires, Fondo de Cultura Económica, 2009.
[194] *El Mundo*, 18 de septiembre de 1928, "Del arte de saber perder a la lotería".
[195] *El Mundo*, 24 de enero de 1930, "No crea en la suerte amigo".
[196] *El Mundo*, 27 de septiembre de 1930, "El crepúsculo de la timba".
[197] *El Mundo*, 2 de diciembre de 1930, "Risorgimiento de la timba localizada".

grave, lo serio, lo enfático y lo ceremonioso. La vida es corta y hay que estirarla un cachito más. ¿Qué mejor alargamiento que el de una boca al abrirse en una carcajada? En ese sentido me declaro devoto de Taborda y de su inagotable vena humorística, más propensa a la salud que todas las drogas de la filosofía, la moral y la farmacopea. Por eso hará uso el infrascripto de todos los recursos lícitos para llevarte, amigo lector en un trote alegre y saltarín al Argentino; si eres jugador, ni todos los cronistas del mundo juntos van a evitar que te bañes en la pileta de la mishiadura, pero, por lo menos que el fatídico lunes te halle sin arrugas en la frente y sin pliegues en el espíritu.[198]

Last Reason comienza a escribir en *Crítica* al cierre del diario *La Montaña*. El editor Oscar Lanata logra develar el misterio de su verdadero nombre –Máximo Sáenz– y lo contrata para escribir crónicas de turf al estilo de sus notas de *La Montaña*, que se reproducían en el *Telégrafo* de Uruguay. Claro que cuando Last Reason llega a la redacción de *Crítica*, se encuentra con un periódico que acompaña el ritmo acelerado de la modernidad urbana con tres ediciones y un promedio de circulación diaria de 166.385 ejemplares. Como ha estudiado Sylvia Saítta, para 1924, *Crítica* es el tercer diario de la ciudad después de *La Prensa* y *La Nación*.[199] Last Reason confiesa en su crónica de presentación "que ha debido vencer no pocos escrúpulos de conciencia antes de ponerse la chaquetilla roja y negra de la casa; escrúpulos sentimentales nada más".[200]

Para un *reporter* de la época, entrar en *Crítica* implicaba un salto profesional: "Yo corría bien en cancha pesada y siempre que no me ahogaran con el freno. Pero me han asegurado que el training no es severo y las raciones se

---

[198] *Crítica*, viernes 2 de mayo de 1924, "Ecce Homo".
[199] Saítta, Sylvia. *Regueros de tinta. El diario* Crítica *en la década de 1920*, Buenos Aires, Sudamericana, 1998, p. 73.
[200] *Crítica*, viernes 2 de mayo de 1924, "Ecce Homo".

reparten con regularidad. ¿Qué más puede pedir quien ha resistido el rigor de un régimen dietético llevado al periodismo?".[201] A partir de su primera nota, Last Reason publicará sus columnas casi a diario. Durante los meses de mayo y junio de 1924, los temas y los días tendrán un carácter aleatorio, casi errático, hasta encontrar una mayor estabilidad en julio de ese mismo año con la aparición sistemática del Consultorio Patológico los jueves, y cierta especificidad sobre los escenarios del turf, los códigos burreros, los jockeys y los pronósticos todos los sábados. El resto de los días (lunes, martes, miércoles y viernes), tendrán una entonación costumbrista y se dedicarán a retratar el mundo reo que concurre al Hipódromo Argentino de Palermo.[202] La popularidad de las columnas de Last Reason se da de manera acelerada. Un año y medio después de publicada su primera nota, cuando se reúnen varias de sus crónicas en el libro *A rienda suelta*, editado por Gleizer, su éxito ya es rotundo e indiscutible.[203]

Last Reason se declara especialista en temas del turf ("me complace en declarar que me siento atraído al periodismo turfístico por una vocación irresistible, por un fervor apostólico de iluminado"[204]) y recoge una tradición ampliamente valorada por la páginas *sportivas* de *Crítica*. Desde su creación en 1913, *Crítica* contaba con una sección dedicada a las "carreras". Las crónicas hípicas estaban a cargo de los hermanos Ottone. El predominio de las notas de turf –que ocupaban tres de las ocho páginas del diario– se

---

[201] *Crítica*, viernes 2 de mayo de 1924, "Ecce Homo".
[202] Cabe señalar que solo dos de las crónicas de Last Reason se sitúan en los otros hipódromos de la época: La Plata, inaugurado en 1885: *Crítica*, martes 18 de noviembre de 1924, "Carnet de La Plata", y San Martín, que abrió sus puertas en 1912: *Crítica*, sábado 10 de enero de 1925, "¡San Martín para un seco!".
[203] Lanata, Oscar. "Prólogo a la primera edición. Lo que sé del reo Last Reason", en Last Reason, *A rienda*, Buenos Aires, Gleizer, 1925.
[204] *Crítica*, viernes 2 de mayo de 1924, "Ecce Homo".

mantuvo hasta principios de la década del veinte, momento en que también comienzan a sobresalir las notas sobre boxeo y fútbol. En agosto de 1922, se anuncia la aparición de una sección gráfica semanal los días sábado: las "hípicas" del dibujante Mono Taborda, con caricaturas de diversos temas del turf haciendo del humor y del doble sentido su rasgo central. Los sábados, *Crítica* dedica también varias páginas con material sobre las carreras del día siguiente, con notas sobre la opinión de los jockeys participantes y con anticipos sobre los resultados favoritos. Hacia 1924, se amplía la sección "Carreras: todos los hipódromos" y a las "Hípicas" de Taborda se suman las crónicas de Last Reason.[205]

"¿Cuáles son los deberes de un redactor hípico constante y honesto?", se pregunta Last Reason, y su respuesta establece una gran complicidad con los lectores:

> Nada! Encaminar al pueblo por el buen camino que conduce a las ventanillas ganadoras; apartarlo de las falsas informaciones tendenciosas que lo empujan a fijar a los favoritos que van al bombo, ponerlo frente a la verdad cronométrica de los relojes y, por último, ¡Ay! Consolarlo en la hora angustiosa del pataleo.[206]

Varias de las crónicas de Last Reason elaboran un modelo ideal de cronista del turf:

> Las informaciones obtenidas en la cancha deben ser objeto de un prolijo inventario antes de darse a la luz pública [...] las maniobras delictuosas de los competidores y jockeys deben ser implacablemente develadas con lujo de detalles, pudiéndose también adelantar a la realización del delito, esto es, denunciando los fraudes antes de que se haya pensado en cometerlos [...] las crónicas del desarrollo de las pruebas

---

[205] La información ha sido tomada del apartado "Crónicas deportivas", del libro de Saítta, Sylvia. *Regueros de tinta. El diario* Crítica *en la década de 1920*, Buenos Aires, Sudamericana, 1998, pp. 93-99.
[206] *Crítica*, viernes 2 de mayo de 1924, "Ecce Homo".

deben ser sucintas, escuetas y sintéticas sin que por ello deje de detallarse gráficamente lo ocurrido [...] En su trato con los profesionales debe conservar la línea y no mostrar la hilacha de la camisa.[207]

El cronista hípico rioplatense (Last Reason era uruguayo) se construye como una figura específica dentro del campo periodístico, y su singularidad es festejada:

Pocos públicos en el mundo podrán compadrearse de poseer una prensa hípica como la nuestra y, justo es decirlo, pocos periodismos contarán con una devoción popular como la que nosotros gozamos [...] Sin entrar al alacraneo de la prensa extranjera podemos decir con orgullo que el cronista de carreras rioplatense es, por regla general, un apasionado por su oficio: la muchachada que condimenta las páginas del Turf es toda ella de línea, incapaz de pasarse a los campos vecinos, incapaz también de desertar por mucho que le presenten el cielo de mayores ganancias.[208]

1.2. Sábados de turf

No resulta, sin embargo, un oficio sencillo. Todos los sábados los lectores se dirigen a Last Reason para saber: "Ud. que anda en eso, ¿no tiene un dato para mañana?".[209] Pero el dato es difícil y paradójico para el cronista:

¿Dónde han visto ustedes que los datos ganen? El dato enjetta: el dato aplasta, el dato quita probabilidades. Y esto lo digo con la firme convicción del que viene perdiendo a las carreras con invariable regularidad todo lo que gana escribiendo sobre ellas (y algo más), jugando también con invariable regularidad a los datos que pide y obtiene [...]. Si los que piden datos supieran la incertidumbre con que los jockeys suben a caballo cuando van a correrse una fija

---

[207] *Crítica*; martes 20 de mayo de 1924, "El cronista hípico modelo".
[208] *Crítica*, sábado 2 de agosto de 1924, "Estilos periodísticos".
[209] *Crítica*, sábado 24 de enero de 1925, "Un buen dato sobre los datos".

tendrían seguro un poco menos de fe en la información "de buena fuente" que les llega de aquí y allá. [...] Jugar a un dato o jugar al caballo que nos marca en el programa el chico de la vecina es exactamente igual en cuanto a la suma de probabilidades, con el inconveniente de que al dato uno le juega diez o veinte boletos (o cien si hay) y al que marcó el lápiz inocente del pebete le confía uno y uno, y gracias.[210]

Como pocos, el reportero hípico, depende del dato. El dato "es un informe sobre la chance de un animal: si el informe es inexacto, el dato es malo, si en cambio es verídico, es peor".[211] Y Last Reason confiesa: "¡Te juro, oh, lector amigo! Que de diez datos auténticos, nueve van a dar a la gran... a la gran olla donde se queman las papas y revientan las broncas [...]. Yo he asistido al proceso de un dato que convirtió en favorito a un burro que no tenía chance en la carrera. Esas bolas de nieve bajan de Belgrano chiquitas como píldoras y se convierten en globos de 20.000 pies cúbicos de gas inflamable".[212] Eso no significa que antes de cada domingo no se aconsejara pasar por la barbería de cada barrio donde "se hacen comentarios sobre las chances de los burros", "convirtiéndose en una bolsa de cotizaciones hípicas".[213]

Más que aportar certezas para "una fija", Last Reason aporta información sustancial sobre los protagonistas que intervienen en el mundo del Hipódromo Argentino y sus mañas. El universo hípico se compone de un entorno mixto de pequeños oficios específicos, singulares catedráticos y grandes estrellas del turf. Uno de los personajes arquetípicos del mundo burrero es el ventanillero. A este gremio, Last Reason le dedica un par de crónicas. La primera la publica

---

[210] *Crítica*, sábado 24 de enero de 1925, "Un buen dato sobre los datos".
[211] *Crítica*, sábado 11 de octubre de 1924, "Divagaciones sobre el dato".
[212] *Crítica*, sábado 11 de octubre de 1924, "Divagaciones sobre el dato".
[213] *Crítica*, miércoles 20 de mayo de 1924, "Barbería Club". (Esta Crónica fue publicada en *A rienda suelta*).

el 11 de junio de 1924 bajo el título "El odioso ventanillero", y unos días después –el 18 de junio–, se retracta en una segunda nota en la que confiesa: "Desde el día fatal en que tuve la desdichada ocurrencia de meterme con los ventanilleros mi vida se ha convertido en una cosa insoportable".[214] En aquella primera crónica, Last Reason daba cuenta de que "nosotros, la gente del turf tenemos catalogada en el índice de nuestra antipatía a una especie típica, mitad crónicos, mitad asalariados, especie denominada con el airoso nombre de ventanilleros".[215] El ventanillero es ese hombre que cierra la ventanilla "en el preciso momento de ir nosotros a sacar el uno a uno"[216] y "se aguanta durante cuatro horas el malhumor y la guaranguería de todos los que pierden".[217] Y aunque "son de cemento armado y ni se inmutan", ningún ventanillero decente se va sin jugarse el día y lo que pueda "chorrear" del vuelto de los distraídos.[218]

Pero nada tendrían que hacer ni los dignos ventanilleros ni los reos sin los jockeys y los cracks. A los primeros, Last Reason les realiza entrevistas personales que después publica con honores. Entre ellas, se destacan las entrevistas al Negro Acosta y a Irineo Leguisamo.[219] Los caballos también tendrán voz propia en primera persona, ya que son los protagonistas del turf. Last Reason hace hablar en una entrevista al caballo Plutarco del Stud Cedes,[220] da la palabra a Botafogo,[221] hace confesar sus memorias a un

---

[214] *Crítica*, jueves 18 de junio de 1924, "Al gremio de los ventanilleros, salud".
[215] *Crítica*, miércoles 11 de junio de 1924, "El odioso ventanillero". (Esta crónica fue publicada en *A rienda suelta*).
[216] *Crítica*, miércoles 11 de junio de 1924, "El odioso ventanillero".
[217] *Crítica*, jueves 18 de junio de 1924, "Al gremio de los ventanilleros, salud".
[218] *Crítica*, miércoles 11 de junio de 1924, "El odioso ventanillero".
[219] Ver *Crítica*, sábado 19 de julio de 1924, "El Negro Acosta íntimo", y *Crítica*, sábado 6 de septiembre de 1924, "Irineo Leguisamo"
[220] *Crítica*, jueves 30 de julio de 1924, "Consultando a Plutarco".
[221] *Crítica*, 13 de enero de 1925, "Veneno en gotas".

caballo de *handicap*[222] y muestra al caballo Serio escribiéndole una carta a su dueño.[223] Esta personificación de los equinos solo se justifica porque un súper crack "no es ya un animal como todos los otros, es un valor fabuloso que puede dejar de serlo de un momento a otro".[224]

La tribuna popular del Hipódromo Argentino de Palermo, la Perrera, se convierte para Last Reason en un centro de observación.[225] Desde allí, puede identificar a los "patos"[226] que cantan resultados y a los "líneas"[227] que lo han perdido todo pero se merecen su respeto porque siguen jugando. Desde allí, puede también identificar a "los sin alma" que entran al hipódromo en tranvía o colectivo y no respetan el honor turfístico. Last Reason los analiza por considerarlos "indignos de pasar los portones del Argentino"[228] desde una postulación nacionalista conservadora cargada de xenofobia:

> 1º Los rusos: este gremio va al hipódromo a pichulear con el placé de los favoritos: bien forrados, esperan que haya un bolo imperdible de 2.45 y se van de boca con una vale de cien. Faltos de sentimiento sportivo, sin alma de sportmen, cachan el Bondi y hacen tertulia de a dos o tres, escupiendo haches y jotas y efes en su incomprensible lengua de usureros. Leña con ellos.

---

[222] *Crítica*, martes 2 de septiembre de 1924, "Memoria de una caballo de Handicap".
[223] *Crítica*, viernes 25 de noviembre de 1924, "Serio le escribe a Lombardo".
[224] *Crítica*, miércoles 14 de enero de 1925, "El propietario de súper crack".
[225] Varias de las crónicas se agrupan bajo el título "Desde la Perrera". Ver lunes 27 de octubre de 1924; martes 4 de noviembre de 1924; martes 11 de septiembre de 1924; lunes 1º de diciembre de 1924.
[226] *Crítica*, viernes 10 de octubre de 1924, "La muerte del pato".
[227] *Crítica*, lunes 9 de julio de 1924, "Atención los de línea" y martes 2 de diciembre de 1924, "De línea". (Esta crónica fue publicada en *A rienda suelta*).
[228] *Crítica*, Sábado 31 de mayo de 1924, "Los sin alma". (Esta crónica fue publicada en *A rienda suelta*).

2º Los flojos: esta mala raza está compuesta por todos los cobardes de la metrópoli, individuos que van al hipódromo atraídos por la ganancia fácil, pero que una vez allí, se apichonan de miedo y le disparan a la emoción de verlos venir; generalmente apuestan de a uno y dos, para salvar la ropita y después que han corrido la carrera se asoman a preguntar pálidos, angustiados y temblorosos: "¿Entró mi caballo?". Al Fuego con esa gente.
3º Los cajeros: este grupota va al hipódromo de incógnito; entra sonándose las narices para tapar la cara, juega cuando no hay nadie en las ventanillas, y se mete en los tranvías como el pelotudo en la cueva, para evitar los encuentros que lo perjudiquen. Opino que el hipódromo se ha hecho para la gente que no tiene nada que guardar, ni siquiera la apariencia, por lo que creo justo condenarlos a la pena de expulsión.
4º y último. Los que juegan plata del patrón. Esta categoría ha dado ya varios cadáveres a la A. P. y más de un espectáculo vergonzoso y sangriento, indigno de la concurrencia femenina que honra la perrera. Son reos que seducidos por un dato o un pálpito se garufean la menega de la cobranza con la firme idea de reponerla... Claro que el jabón los obliga a no presenciar el sublime minuto 2/5 en que se juega su destino. Largo de aquí con esa gente.[229]

En ese centro de observación que es la Perrera del Argentino de Palermo se cristaliza un núcleo del discurso conservador popular. Las crónicas de Last Reason celebran la idiosincrasia del hombre que juega a las carreras porque es "manso y apacible de condición, no le dispara a los trabajos ni siente el rigor de la lucha por la vida. Acepta el cotidiano laburo sin protestas ya que de este depende su concurrencia a los clásicos. Con un pucherito diario, cero diez para *Crítica* y unos manguitos para el domingo el hombre que juega tiene ya resuelto el mango asunto de vivir

---

[229] *Crítica*, sábado 31 de mayo de 1924, "Los sin alma".

alegremente y cumplido el programa de su esperanza".[230] En la retórica del cronista, los jugadores no son elementos disruptivos dentro de la sociedad, sino que garantizan un bello equilibrio: "Si la humanidad entera fuese, por fortuna, aficionada a las carreras, cesarían de inmediato las luchas de clases, de razas y de partidos. Que nos vengan a nosotros con fascismo, irredentismo o bolcheviquismo! ¿Para qué los queremos? El mundo no va a ser mejor o peor bajo la doctrina de Marx, Kropotkine o de Mussolini: cambiarán los collares pero los perros serán siempre los mismos. ¿Y entonces a qué hacerse mala sangre y andarla con contundencia? No, no joroben... que nos den un programa con numerosas inscripciones, un día de sol, un buen largador y un juez de raya que no haga macanas y con eso y un poco de suerte, el mundo es una papa".[231]

El mundo del hipódromo es además un mundo "en el que somos todos iguales", un mundo "de igualdad y fraternidad" en el que se desdibuja la posibilidad del conflicto. Allí los burreros se pueden cruzar con el doctor Anchorena y conversar "democráticamente".[232] En el mundo de los burros, son abolidas las barreras sociales y también las diferencias de clase. Es por ello que Last Reason escribe cartas con igual irreverencia epistolar al Presidente del Jockey Club para solicitar una jubilación para burreros y al presidente Marcelo T. de Alvear para proponer la circulación de billetes de dos pesos que faciliten las apuestas en las ventanillas y tengan por héroe nacional al caballo Botafogo.[233] Last

---

[230] *Crítica*, miércoles 27 de agosto, "Elogio del hombre que juega a las carreras". (Esta crónica fue publicada en *A rienda suelta*).
[231] *Crítica*, miércoles 27 de agosto, "Elogio del hombre que juega a las carreras". (Esta crónica fue publicada en *A rienda suelta*).
[232] *Crítica*, miércoles 27 de agosto, "Elogio del hombre que juega a las carreras". (Esta crónica fue publicada en *A rienda suelta*).
[233] *Crítica*, "Carta abierta al presidente del jockey club Argentino"; "Carta al amigo Marcelo". (Estas crónicas fueron publicadas en *A rienda suelta*).

Reason escribe cartas a estos señores que "dejan de lado los protocolos" y encuentran en el escenario de los años veinte "un tono confianzudo entre iguales": todos buenos criollos, buenos *sportmans* y buenos perdedores.

1.3. Consultorio Patológico de los jueves

El 10 de junio de 1924 se inaugura el Consultorio Patológico que aparecerá todos los jueves hasta 1926. Last Reason se "declara reo del delito de iniciar este consultorio denominado patológico en razón de estar dedicado a los patos y funcionar de acuerdo a los más sanos principios de la lógica pura".[234] En el lenguaje lunfardo, "los patos" son los pobres y el cronista hace uso de la temprana divulgación de la idea de consultorio para llevarla al terreno popular.[235] Pero aclara que se trata de un consultorio exclusivamente epistolar: "No se atienden consultas personalmente, no se va a domicilio, ni se permitirán consultas telefónicas". Todas las cartas debían venir con una estampilla de 0,50 pegada en el sobre del lado exterior y "declarar su carácter bien escribiendo en el sobre consultorio patológico bien dibujando un pato de ambos sexos".

Esta iniciativa venía a llenar un vacío, no sobre jugadas dudosas o resultados, ya que estos tópicos "quedan eliminados del programa y su solución quedará como hasta ahora a cargo de los especialistas de la casa", sino "sobre preguntas de índole privada" poniéndose en el centro el yo como sujeto de enunciación y haciendo de lo más personal un objeto de confesión pública. Las señoras y señoritas tendrían preferencia "sobre las personas de sexo

---

[234] *Crítica*, jueves 10 de julio de 1924, "Consultorio Patológico".
[235] Ver Plotkin, Mariano. *Freud en las pampas*, Buenos Aires, Editorial Sudamericana, 2003; y Vezzetti Hugo, *Aventuras de Freud en el país de los argentinos. De José Ingenieros a Enrique Pichón-Riviére*, Buenos Aires, Paidós, 1996.

masculino".[236] Y a estas señoritas, Last Reason les aclara un punto de suma importancia para el que escribe:

> Se ha dicho por ahí que el infrascripto es un especialista en el lenguaje arrabalero y lunfardo, entremezclando a su léxico los más formidables despropósitos de origen repugnante y como esto podría restar consultas pudorosas (o duplicar su número) insistiré en hacer presente mi idoneidad para hacer frente a cualquier urgencia, así la niña más delicada puede trasponer sin temor el umbral de este consultorio (en sentido figurado) sin que su inocencia corra el menor riesgo de atropellos lingüísticos ni de ninguna otra clase. [237]

En esta propuesta de consultorio, Last Reason se apropia de una versión vulgarizada y temprana del psicoanalista que en parte reemplazaba al higienista, en parte continuaba –del lado del experto– un polo de recepción heredero de la amplia circulación de la literatura sentimental del período.[238] La consulta por carta aparece así como una primera versión popular del análisis en la que el acceso a través del periodismo de masas reemplaza y problematiza la experiencia personal.[239] El consultorio epistolar, ubicado en la década del veinte, ofrece una producción discursiva que mezcla y superpone registros entre la divulgación científica, el periodismo de color y la narrativa sentimental.

Las consultas serían todas despachadas por turno menos las que llegaran después de la hora 24, "que tendrán la callada por respuesta". Se rogaba "escribir claramente con laconismos y si es posible en castellano no siendo

---

[236] *Crítica*, jueves 10 de julio de 1924, "Consultorio Patológico".
[237] *Crítica*, jueves 10 de julio de 1924, "Consultorio Patológico".
[238] Vezzetti, Hugo. "Las promesas del psicoanálisis en la cultura de masas", en Madero, Marta y Devoto, Fernando (comp.), *Historia de la vida privada en la Argentina*, Buenos Aires, Taurus, 1999.
[239] Plotkin, Mariano, "Sueños del pasado y del futuro. La interpretación de los sueños y la difusión del psicoanálisis en Buenos Aires (1930-1950)", en Madero, Marta y Gayol, Sandra (ed.), *Formas de historia cultural*, Buenos Aires, Prometeo, 2007.

indispensable firma, autografía ni retrato aunque se agradecen los tres". El lenguaje de las respuestas se adaptaría a las preguntas "por aquello de que hay que colocarse siempre al nivel de los interlocutores". Así, "la erudición turfística del que suscribe, su conocimiento profundo del corazón humano y la innegable audacia del que habla de todo lo que ignora lo ponen en condición de ofrecer al público un selecto sentido". Last Reason invita así a su Consultorio Patológico a un público de lectores más extenso, menos restringido al universo burrero y más ligado a singulares inquietudes personales: "Y ahora distinguido público, pasen a ver el fenómeno pero no arrebaten que hay para todos".[240]

En las respuestas publicadas todos los jueves, se infiere que las cartas de los lectores giran en torno a dudas, comentarios y planteos desde los más variados puntos de vista. En sus respuestas, Last Reason enfatiza su estrecha relación con el lector a través de un lenguaje coloquial que abunda en términos provenientes del lunfardo, de la jerga del turf y del uso del doble sentido. Las respuestas al público femenino son –como ha señalado Silvia Saítta (1998)– un sutil registro de la incorporación de las mujeres a este universo deportivo popular, ámbito de sociabilidad masculino y porteño. El lugar de este consultorio singular tiene efectos heterogéneos que van desde la feminización de sus destinatarios, a la revelación de la interioridad de un yo cuyos contenidos y valores entran en tensión con una moral normativa.

¿Qué consejos da Last Reason al público femenino? ¿Qué nos muestran sobre las obligaciones domésticas, los deseos amorosos y la moral del mundo burrero? Una constelación de sentidos en los que gana protagonismo la figura de la consultante y se vuelven legítimos tópicos y problemas de la vida afectiva que cuestionan pero refuerzan los ideales femeninos tradicionales.

---

[240] *Crítica*, jueves 10 de julio de 1924, "Consultorio Patológico".

Hay consejos de Last Reason para ir a las carreras con un amante:

> Leticia Remorino: Si quiere ir con su pebete a las carreras haga un pequeños camuflaje con el sexo del sujeto ¿usted me entiende verdad? Al hablar de sexo me refiero a los vestidos: le planta una pollerita al purrete, le encaja un par de caravanas en las orejas y listo el pollo. Póngale además un poco de algodón en... donde usted sabe en caso de que a los porteros se les ocurriera meterse en averiguaciones.[241]

Tentar a un jockey sin intermediario:

> Milonguita: Si es linda como dice, no le será difícil hacerlo entrar por su aro a ese jockey que es bastante de la "carne que tienta con sus frescos racimos". Al tomarme a mí como intermediario de sus... aspiraciones, usted sobrepasa mis esperanzas literarias ¿Por dónde voy a hacerme rico sin mayor esfuerzo? Pero por esta vez paso. Qué quiere! Todavía sirvo para otra cosa; ahí si me encontrará dispuesto a servirla.[242]

Evitar un mal momento resguardándose entre los conocidos de la Perrera:

> Midinette: Ese tipo que la quiere convencer de que usted puede acompañarlo al Paddock sin compromiso, debe ser un caradura que, al fin la va a salir llevando a alguna obra en construcción. Si es burrero y quiere divertirse que la porte a la perrera. Allí está segura, entre buena gente y bajo la custodia de un batallón de reos que me responden como tabla. Si se ve mal pegue el grito de auxilio que lo ponemos a la miseria al gran careta.[243]

Y ponerse en el lugar del que apuesta:

> Marionette: ¡Ah niña si usted supiera lo lindo que es un día de curses! Claro que somos unos reos, eso ya lo sabemos... pero y el placer de palpitar un relámpago allá lejos, cuando

---

[241] *Crítica*, jueves 6 de noviembre de 1924, "Consultorio Patológico".
[242] *Crítica*, jueves 2 de octubre de 1924, "Consultorio Patológico".
[243] *Crítica*, jueves 20 de marzo de 1925, "Consultorio Patológico".

alzan las cintas, el tropel de los tungos coloricheando sus chaquetillas, la vuelta al codo en que todos se doblan para adentro buscando el alivio, y por fin el momento solemne de la atropellada? ¿No juega nada eso? Usted no sabe lo que dice. Vaya un día, juegue su plata y... después hablamos.[244]

Last Reason propone un universo moral en el que las mujeres se incluyen en el mundo de la timba de manera compleja. Por un lado, se las invita a circular por el Hipódromo Argentino –siempre bajo la supervisión masculina de la Perrera– y también se las incita a jugar. Por el otro, si bien se celebra el conocimiento, aval y apoyo femenino del universo del juego y sus reglas ("Indio: ¿Con que la plata de la pantera también? A mí me pasó lo mismo pero mi madame era timbera de ley y tuvo en cuenta las causas ineludibles del suceso y hasta me ayudó a arreglar el asunto batiéndome un dato"[245]), se registran dificultades para aceptar la contundencia de este cambio: "Mejor sería que usted se quedara quietecita en casa zurciendo las medias del dorima pero... yo en eso no me permito aconsejarle nada por cuanto usted nada me pregunta".[246]

2. *Aguafuertes porteñas*: frescos y consejos timberos de Roberto Arlt

2.1. Frescos de la timba en la ciudad

Patricio Fontana ha señalado que Roberto Arlt, en sus *Aguafuertes porteñas*, sale a recorrer la ciudad con el objeto de toparse con algo que lo incite a escribir.[247] El mundo del juego –submundo de billares, quinieleros,

---
[244] *Crítica*, jueves 2 de octubre de 1924, "Consultorio Patológico".
[245] *Crítica*, jueves 2 de octubre de 1924, "Consultorio Patológico".
[246] *Crítica*, jueves 6 de noviembre de 1924, "Consultorio Patológico".
[247] Fontana, Patricio. *Arlt va al cine*, Buenos Aires, Libraria, 2009.

burreros y perseguidores de "la grande"– aparece como un tópico privilegiado por motivos diversos. Por un lado, permite trazar recorridos por los diferentes barrios de Buenos Aires para componer "tipos porteños, con características que quizá varíen mucho de las de los hombres de otros países".[248] Las *Aguafuertes porteñas* no tienen un solo punto de observación, se mueven por la ciudad: pasan de un café de la calle Azcuénaga a un bar limpio en Palermo; de la cervecería Israelita de Corrientes a un bar judío en Triunvirato y Canning; de una cantina de Villa Soldati a un fumadero de la calle Cuenca, y se encuentran con un tipo de "homo que ha perdido la esperanza", "que no se ilusiona más acerca de los bienes terrestres" y que se pregunta: "¿Dios no jugará con nosotros como escolares con las bolas de billar?".[249]

Por otro lado, el juego será un tema recurrente de las cartas de lectores que se comunican con Arlt para dar argumentos para las notas. Esos lectores, a los que Arlt se refiere de manera continúa en las aguafuertes, "tienen la gentileza de escribirme diciendo que mis artículos les gustan, de lo cual me alegro; también me escriben diciendo que mis artículos no les gustan, de lo cual me alegro; también me escriben dándome temas para 'aguafuertes'".[250] Como sucedía con Last Reason, Arlt es consultado sobre la suerte: "¿Qué opina, existe la suerte o la yeta?".[251] Pero siguiendo una estrategia más pedagógica y realista, Arlt explica que "así como una cinta cinematográfica es el producto de cien trabajadores anónimos y está compuesta por mil metros de celuloide y se anularon mil previamente, así es la vida

---

[248] *El Mundo*, 9 de noviembre de 1928, "La mujer que juega a la quiniela".
[249] *El Mundo*, 25 de mayo de 1928, "En todo café de barrio hay un hombre que mira con tristeza jugar al billar".
[250] *El Mundo*, 9 de noviembre de 1928, "La mujer que juega a la quiniela".
[251] *El Mundo*, 24 de enero de 1930, "No crea en la suerte amigo".

del que ha tenido suerte!".[252] Arlt prefiere la denuncia y recomienda "no crea en la suerte, amigo" porque "si se le ofrece al que no la merece, ese ni aprovecharla sabe".[253] Cabe señalar, en tercer lugar, que los aspectos ilegales de algunas prácticas de juego en la ciudad[254] las hacían menos visibles y –al menos en apariencia– menos accesibles al conjunto del público, resultando de singular atractivo para fijar imágenes sobre temas y personajes ubicados más allá de lo convencional y de lo socialmente aceptable.

El arte de pasar quiniela en los barrios porteños es un tópico clave en este sentido. De acuerdo al diccionario lunfardo, "la quiniela" se trata de un juego clandestino de azar paralelo a las loterías oficiales (nacionales y provinciales).[255] En la ciudad de Buenos Aires de esos años, las apuestas a la quiniela subsistían en sincronía con los números sorteados por la Lotería de Beneficencia Nacional. Para Arlt, "las quinielas son las sirenas fantásticas y dominadoras que duermen en el fondo del juego legalizado. Por un billete de lotería que se vende, hay diez anotados para una quiniela. Y se explica. La quiniela es barata. Para jugar no se necesitan más que diez centavos a cada jugada, ¿quién es el que no puede malgastarlos?".[256] El carácter ilegal de la quiniela –fuera de la vista de los agentes de la Policía de la Capital– obligaba a sus levantadores a desplegar extrañas estrategias de camuflaje: "Naturalmente el oficio requiere su disfraz y este reviste comúnmente de un salón de calzado o de peluquería. Las librerías también apuntan sus cascabeles de quinielerías pero el más frecuente es el

---
[252] *El Mundo*, 24 de enero de 1930, "No crea en la suerte amigo".
[253] *El Mundo*, 24 de enero de 1930, "No crea en la suerte amigo".
[254] La ley de Represión del Juego sanciona –desde 1902– el juego ilegal en la ciudad con multas y arrestos.
[255] Escobar, Raúl. *Diccionario lunfardo del hampa y el delito*, Buenos Aires, Distal, 2004, p. 361.
[256] *El Mundo*, 11 de agosto de 1928, "Su majestad el quinielero".

apuntado antes. Puede establecerse casi como regla axiomática, que librería, salón de lustrado y de peluquería que en sus ventanas exhiban quintos de lotería, son sucursales de capitalistas de la quiniela y agencias de corredores".[257]

"Vagando por el arrabal", Arlt entra en una de esas peluquerías camufladas "donde se afeita con serrucho y se corta el pelo con tijera de esquilar".[258] Cuando ya era tarde para retroceder, Arlt descubre en el peluquero un corredor de quiniela que le da todos los detalles de la empresa: "De comisión se ganan 500 pesos mensuales más o menos. Se calcula así, el año tiene doce meses. Pues de los doce meses tres meses le corresponden al público y nueve al capitalista".[259] Empresa que, por cierto, funcionaba hasta que "la llegada del nuevo jefe de policía arruinó el negocio [...]. El comisario no aceptó cien mil pesos para que cerrara los ojos ¿se da cuenta? [...] Hay comisarios que no transan y eso me arruinó".[260]

Los centavos apostados a la quiniela tienen por señuelo a los sectores y barrios más pobres: "En los barrios pobres, Canning y Rivera, Junín y Sarmiento, Cuenca y Gascón los turcos son los principales clientes del quinielero".[261] En efecto, "se entrampan hasta los ojos con este hombre que les fía, porque sabe que pagarán para poder tener crédito con el cual volver a jugar, de modo que trabajan exclusivamente para el capitalista, que como una araña, escondido debajo de la figura del corredor, aguarda toda la platita del 'bobre durgo'".[262] De la misma manera, la mujer que juega a la quiniela "es característica de determinados barrios, no de todos; porque hay barrios donde la quiniela

---

[257] *El Mundo*, 11 de agosto de 1928, "Su majestad el quinielero".
[258] *El Mundo*, 11 de agosto de 1928, "Su majestad el quinielero".
[259] *El Mundo*, 11 de agosto de 1928, "Su majestad el quinielero".
[260] *El Mundo*, 11 de agosto de 1928, "Su majestad el quinielero".
[261] *El Mundo*, 17 de septiembre de 1928, "El turco que juega y sueña".
[262] *El Mundo*, 17 de septiembre de 1928, "El turco que juega y sueña".

no prospera, mientras que en otros sí. Por ejemplo. Esos barrios improvisados, de pequeños propietarios, donde todos tienen un terreno adquirido en mensualidades, son mala parroquia para los levantadores de quiniela. En cambio, esas otras barriadas, Boedo y San Juan, Triunvirato y Concepción Arenal, es decir esos centros de población donde cada familia ocupa una pieza que no es propietaria sino alquilada, son el paraíso de los quinieleros, que tienen implantada su estación en los mercados, contando como cómplices entre los dependientes de carniceros, que son los más afectos al escolazo por pálpito".[263]

En sintonía con otras aguafuertes, las diferencias entre hombres y mujeres se hacen tajantes en "la mujer que juega a la quiniela".[264] Si en "Los tres berretines" Arlt identificaba que el fútbol y el tango eran cosa de hombres y el cine un berretín inflexiblemente femenino al que se entregan la madre, la hermana y un amigo de ellas ostensiblemente afeminado,[265] en el mundo del juego "para los hombres quedan los burros y para las mujeres el numerito al que económicamente se le anotan veinte, treinta, cincuenta centavos".[266] Todas las semanas, esas mujeres "que le han tomado el sabor a la esperanza de ganar, juegan en detrimento de otros intereses también pequeños, pero para los que se necesitan esas reducidas sumas que absorbe el bolsillo del quinielero, siempre de guardia en el mercado, o con sucursal en la carnicería y en el almacén".[267] El impacto del juego de la quiniela entre las mujeres se torna para Arlt –como ocurría en la relación entre las mujeres y el cine– drástica: "La mujer es mucho más frenética en

---

[263] *El Mundo*, 9 de noviembre de 1928, "La mujer que juega a la quiniela".
[264] Ver la selección de Sylvia Saítta: Arlt, Roberto. *Secretos femeninos. Aguafuertes inéditas*, Buenos Aires, Editorial La Página SA-Página 12, 1996.
[265] Fontana, Patricio. *Arlt va al cine*, Buenos Aires, Libraria, 2009, p. 67.
[266] *El Mundo*, 9 de noviembre de 1928, "La mujer que juega a la quiniela".
[267] *El Mundo*, 9 de noviembre de 1928, "La mujer que juega a la quiniela".

sus esperanzas y necesidades que el hombre, de más está decir que hay mujeres que se juegan, no las zanahorias del puchero, sino también el puchero y el hueso y hasta el caldo".[268] Sin embargo, Arlt admite que "de carne somos... ¡que se le va hacer!", y entiende que el vicio del juego "se disculpa y se explica, en la pantalonera que, al ir de compras, no puede resistir la tentación que le presenta ese diablo desfachatado y con gorra que es el quinielero".[269]

Sin embargo, como lo había anticipado en una nota sobre los vendedores ambulantes que jugaban a la quiniela, Arlt opina "que no se explicaría que esa gente no se juegue hasta el alma, teniendo que vivir de un oficio tan penoso como el de vendedor callejero".[270] Citando la novela *El Jugador* de Fedor Dostoievski, Arlt muestra cómo la gente que vive en la pobreza y que está harta de trabajar siente una atracción enorme por el juego que, en su concepto, tiene que resolver de golpe una situación pecuniaria.[271] Estos sectores pobres "donde el dinero alcanza apenas para subvenir a las necesidades de la abundante prole" serán, para Roberto Arlt, "los únicos en que se disculpa la pasión del juego".[272] Pero Arlt no disculpa al que juega a la lotería con procedimientos "objetivos"; al que tiene un sistema y "pierde como de costumbre".[273] Para el autor de las aguafuertes, "así como hay un variado número de procedimientos para ser un perfecto idiota sin temor a equivocarse, hay también incalculables maneras para jugar a la lotería con la seguridad de no errarle a la pérdida".[274] Si

---

[268] *El Mundo*, 9 de noviembre de 1928, "La mujer que juega a la quiniela".
[269] *El Mundo*, 9 de noviembre de 1928, "La mujer que juega a la quiniela".
[270] *El Mundo*, 17 de septiembre de 1928, "El turco que juega y sueña".
[271] *El Mundo*, 9 de noviembre de 1928, "La mujer que juega a la quiniela".
[272] *El Mundo*, 9 de noviembre de 1928, "La mujer que juega a la quiniela".
[273] *El Mundo*, 18 de septiembre de 1928, "Del arte de saber perder a la lotería".
[274] *El Mundo*, 18 de septiembre de 1928, "Del arte de saber perder a la lotería".

lo maravilloso moderno y los saberes –sin tradición letrada– legados de la imaginación técnica son admirados por Arlt y lo entusiasman,[275] no parecen defender a quienes "todo lo reducen a la posibilidad numérica, matemática" y "fatalmente terminan de certificar que hay un absurdo menos absurdo que los otros y sobre este absurdo construye sus edificios de ilusiones".[276]

A diferencia de otros "saberes del pobre", el arte de jugar a la lotería será cínicamente abordado por Arlt.[277] El vínculo entre el hombre y el billete de lotería es clave. Nunca resulta sencilla la elección de los números. Uno de los sistemas es elegir números en apariencia negativos "para que por una alquimia que ocurre en la mente del jugador se conviertan en números positivos y auspiciosos".[278] Así, la teoría promueve fijarse "en los números de los carros fúnebres, en las fechas nefastas (por ejemplo el día en que se casó), o el número en que soñó, o la suma de la fecha de los días en que lo echaron de un empleo a la calle por inútil o el número de la chapa del vigilante que 'lo pasó' por una infracción".[279] ¿Y qué pasa si no se acierta? "Entonces el damnificado juega a las fechas que le recuerdan los días de júbilo".[280] Existe la técnica del hombre que juega a la lotería del "billete doblado": llega a la agencia, paga y ve cómo el agenciero dobla el número "subjetivo" que no será desdo-

---

[275] Sarlo, Beatriz. "Roberto Arlt. Lo maravilloso moderno", *Escritos sobre literatura argentina*, Buenos Aires, Siglo XXI, 2007, pp. 207-232.
[276] *El Mundo*, 18 de septiembre de 1928, "Del arte de saber perder a la lotería".
[277] Ver Sarlo, Beatriz. *Una modernidad periférica. Buenos Aires 1920 y 1930*, Buenos Aires, Nueva visión, 1988.
[278] *El Mundo*, 18 de septiembre de 1928, "Del arte de saber perder a la lotería".
[279] *El Mundo*, 18 de septiembre de 1928, "Del arte de saber perder a la lotería".
[280] *El Mundo*, 18 de septiembre de 1928, "Del arte de saber perder a la lotería".

blado y develado hasta después del sorteo. Otro sistema consiste en confeccionar "una tabla de probabilidades para ganar a la lotería de acuerdo a las influencias astrológicas de los planetas sobre las bolillas y sobre los números que tienen una evidente relación con los días de la semana y otras macanas".[281] También está el sujeto que sigue el mismo número hace años "y lo seguirá toda la vida".[282]

Una vez que se ha elegido el numerito, "Ud. aprieta dulcemente en el bolsillo ese papelito que dentro de unas horas (¿qué es lo que se opone?) puede convertirlo en un hombre feliz. Eso. Un hombre feliz. Dos millones. Diez mil, cien mil, trescientos mil pesos. Faltan pocas horas. Ud. sale a la calle y mira el semblante del prójimo y se pregunta: '¿Qué es lo que se opone?' ¿Por qué no usted en vez del prójimo? ¿Y si acierta? Vea si le acierta!".[283] Bajo el esperanzador "hoy es el día", se acaricia el bolsillo "con el papelito" y sueña despierto el jefe, el ordenanza, el almacenero, la pantalonera, la sombrerera y el vigilante de la esquina "que dejó pasar ese auto sin aplicarle la contravención. ¡Que se vaya al diablo la contravención! Faltan unas pocas horas... y si le acierta, a la basura el 'Manual del perfecto vigilante' a Vivir... a vivir sin varita".[284] El batacazo aparece como la única forma de cambio; la única proximidad con la riqueza por la que pueden fantasear los pobres. Pero como ha señalado Sarlo (2007), el fracaso es un desenlace inevitable, conocido desde el comienzo, y por eso Arlt es crítico y no alimenta el ensueño de ojos abiertos. Jamás les permite eso a sus lectores. Y si alguno se gana la grande, Arlt no dudará en aconsejar –citando las palabras de Don

---

[281] *El Mundo*, 18 de septiembre de 1928, "Del arte de saber perder a la lotería".
[282] *El Mundo*, 18 de septiembre de 1928, "Del arte de saber perder a la lotería".
[283] *El Mundo*, 23 de diciembre de 1930, "Si nos sacamos la grande".
[284] *El Mundo*, 23 de diciembre de 1930, "Si nos sacamos la grande".

Quijote a Sancho Panza–: "Lávate todos los días la cara. No seas presumido. Límpiate las uñas. Sé amable con todo el mundo. No te vuelvas soberbio porque vas a ocupar una alta posición. Protege a la viuda y a la huérfana. No comas ajo, porque el ajo deja mal olor en la boca". Y enfatiza: "No se engrupan… no hagan lo que ciertos locos que tiran por la ventana lo que entró por la puerta".[285]

2.2. Críticas y consejos

Las circunstancias históricas del treinta se cuelan en las aguafuertes: "Estamos viviendo en tiempos cabreros".[286] La Gran Depresión (1929-1933) tiene un fuerte impacto a escala mundial tanto en los índices materiales –de desempleo– como en las representaciones sociales.[287] A nivel local, el golpe de Uriburu de septiembre de 1930 interrumpe el segundo mandato de Yrigoyen, despliega leyes más restrictivas de reunión y circulación urbana[288] y clausura

---

[285] *El Mundo*, 26 de diciembre de 1930, "Consejos a los que ganaron los dos millones".

[286] *El Mundo*, 26 de diciembre de 1930, "Consejos a los que ganaron los dos millones".

[287] Heredero y Santamarina, por ejemplo, demuestran que el auge de la proyección mediática de los *gánster* y su creciente presencia en el imaginario social norteamericano se alcanza en el contexto de la Gran Depresión. Los autores demuestran que los estrenos de *Scarface, Hampa Dorada, La ley del hampa, El enemigo público* adquieren un auge de popularidad entre las capas medias y populares como memoria nostálgica que, en sus elementos narrativos y moldes argumentales, se diferencia de la dura crisis que atravesaba la sociedad americana de los años treinta. Ver Heredero, Carlos y Santamarina, Antonio. *El cine negro. Maduración y crisis de la escritura clásica*, Barcelona, Paidós, 1996. cap. IV: "El cine de *gangsters*".

[288] González Alemán, Marianne. "Entre la norma y la práctica: el juego político callejero y la tentativa de reglamentación de A. P. Justo", en *VIII Jornadas de Investigadores del Departamento de Historia, Facultad de Humanidades, Universidad Nacional de Mar del Plata*, Mar del Plata, 18 y 19 de noviembre de 2010.

algunos órganos de prensa como el diario *Crítica*, que en 1931 será reemplazado por *Jornada*.[289]

Arlt recapitula los cambios de las prácticas de juego de esos años y los contextualiza para sus lectores: "En la anterior presidencia cualquier ciudadano medianamente observador podía notar que los días de fiesta, frente a ciertos boliches, casi siempre salones de lustrar y cigarrillos pululaban, iban y venían sujetos de todas las edades, colores, vestimenta y cataduras. Una como especie de anhelo de llevar los botines lustrados se había apoderado de todas aquellas buenas almas. No había turro que no hiciera su entradita al salón y saliera a los pocos minutos con aire de conspirador que sale de una logia".[290] Y continúa: "Si uno pudiera largar una metáfora poética, podría decir que la anterior Presidencia fue la primavera del escolazo, la edad de oro de los timberos, alzadores de quinielas, levantadores de redoblonas",[291] la aurora de los capitalistas en sociedad con los malandrines en sociedad con los comisarios. Porque no había comisario que no se jugara al fiado "cien pesos para el número que saliera".[292] Se trataba de una época de consumo conspicuo en la que "triunfó el charol, la cadena de oro para perro, el chaleco de piqué, el anillo de cristalería del país y diamantes fayutelis".[293]

Pero todo llega a su fin. "¿A quién no le llega el momento de la decadencia y la hora crepuscular de mishiadura?

---

[289] Vezzetti, Hugo, "Las promesas del psicoanálisis en la cultura de masas", *Historia de la vida privada en Argentina. Tomo III. La Argentina entre multitudes y soledades. De los años treinta a la actualidad*, Buenos Aires, Taurus, 1999.

[290] *El Mundo*, 27 de septiembre de 1930, "El crepúsculo de la timba".

[291] Redoblona: (turf) apostar a un caballo y, en caso de ganar, toda la ganancia volverla a jugar a otro caballo en carrera posterior. (lunf.) Igual sistema de apuesta clandestina. Véase Escobar, Raúl. *Diccionario lunfardo del hampa y el delito*, Buenos Aires, Distal, 2004.

[292] *El Mundo*, 27 de septiembre de 1930, "El crepúsculo de la timba".

[293] *El Mundo*, 27 de septiembre de 1930, "El crepúsculo de la timba".

Se pasaron los tiempos de 'dice el comisario que le anote cien pesos a la cabeza del número que salga'".²⁹⁴ Arlt entra en un boliche para hacerse lustrar los botines y descubre, en un rincón, una mesa blanca abandonada donde antes se anotaban las jugadas. Ve al patrón vestido de traje a rayas y de fungi²⁹⁵ con las manos en los bolsillos, inclinado sobre la mesada mirando de reojo los cigarrillos de las estanterías donde antes se ponían los numeritos para la quiniela en un espectáculo que le remite a "Napoleón en Santa Elena junando de reojo y con bronca el mapa de Europa".²⁹⁶ Aquello "era más triste que capilla para condenado a muerte. Sin grupo. Aquello tenía la desolación de los lugares abandonados donde ya no subsiste ni el reglamentario tufo de creolina".²⁹⁷ Entra otro cliente al boliche y le dice al oído del lustrabotas unas palabras misteriosas hasta que este exclama: "Ya no se juega más. En todo Buenos Aires no encuentra usted hoy quien le levante una quiniela de 0,05. Ha llegado el crepúsculo de la timba".²⁹⁸

Una nueva aguafuerte sobre el juego aparecerá, sin embargo, tres meses después, en diciembre de 1930, bajo el título "Risorgimiento de la timba localizada". "¿Vuelven a resurgir las quinielas y redoblonas en la ciudad? No se trata de eso, esta vez estarán en la mira los burreros y los hipódromos: 'el itinerario del perfecto jugador'".²⁹⁹ El disparador de la crónica es la reapertura del hipódromo de La Plata el 1° de diciembre de 1930,³⁰⁰ que abría también

---

²⁹⁴ *El Mundo*, 27 de septiembre de 1930, "El crepúsculo de la timba".
²⁹⁵ Fungi: (lunf.) Sombrero. En Escobar, Raúl. *Diccionario lunfardo del hampa y el delito*, Buenos Aires, Distal, 2004.
²⁹⁶ *El Mundo*, 27 de septiembre de 1930, "El crepúsculo de la timba".
²⁹⁷ *El Mundo*, 27 de septiembre de 1930, "El crepúsculo de la timba".
²⁹⁸ *El Mundo*, 27 de septiembre de 1930, "El crepúsculo de la timba".
²⁹⁹ *El Mundo*, 02 de diciembre de 1930, "Risorgimiento de la timba localizada".
³⁰⁰ En 1927, el Congreso Nacional, luego de la presentación de un Proyecto de Intervención Federal a la Provincia de Buenos Aires, prohibió el

una nueva posibilidad de disfrutar las carreras el sábado por la tarde: "Tenemos el escolazo inglés. Escolazo de sábado inglés para los empleados y horteras que no hacen camping".[301] Arlt se pregunta: ¿cómo se divierte el sujeto que ganó en La Plata el sábado a la tarde?: "Toma su tren y vuelve para Buenos Aires, descansa a la noche y el domingo a la mañana, bien dormido, tempranito como corresponde a un virtuoso, toma en el Pacífico el tren para San Martín".[302] Arlt sigue el recorrido del jugador: el sábado lo pasa en el hipódromo de La Plata, el domingo de mañana sale para el hipódromo de San Martín, almuerza en un restaurante de la Capital –el Herradura o el Broadway– y luego se va en colectivo a Palermo. Una vez concluidas "las largadas" de Palermo, emprende viaje a la ruleta de Tigre. Así "desde el sábado a la una de la tarde hasta las doce de la noche del domingo, tenemos treinta seis horas de carpetear la suerte y tener la vida suspendida de las patas de un caballo".[303]

Esta dedicación completa hacia los burros origina una variedad de personajes que según Arlt "habían desaparecido absorbidos por el empleo nacional". Entre ellos, encontraremos al *Fijero*: "El fijero, si no tiene un amigo entrenador en La Plata tiene un pariente aprendiz en San Martín o un bostero en Palermo. Desde el viernes a la noche veremos a este necróforo del escolazo recorrer con asiduidad de hormiga negra todos los cafetines del centro en busca de un amigo cadáver que tenga diez mangos para patinárselos en un crack en fija".[304] También aparecerán *los*

---

funcionamiento de los hipódromos en toda la provincia, obligando al hipódromo de La Plata a cerrar sus puertas. Luego de una apelación realizada por el Jockey Club ante la Suprema Corte de Justicia, el hipódromo reabrió sus puertas en 1930.

[301] *El Mundo*, 2 de diciembre de 1930, "Risorgimiento de la timba localizada".
[302] *El Mundo*, 2 de diciembre de 1930, "Risorgimiento de la timba localizada".
[303] *El Mundo*, 2 de diciembre de 1930, "Risorgimiento de la timba localizada".
[304] *El Mundo*, 2 de diciembre de 1930, "Risorgimiento de la timba localizada".

secretarios: "Los secretarios son infelices de menor cuantía, el fideo fino de la mala vida". Estos *secretarios* "aparecen como aparece la langosta con la misión contraria de campanar dónde está el gil y localizarlo para que luego caiga el datero a mangarlo o a engrupirlo al candidato".[305] Y no faltan tampoco los técnicos: "Los especialistas de cancha, los sabios misteriosos que pueden explicar a Ud. porque Cucho gana en la pista de La Plata y pierde, en cambio, en la pista de San Martín. 'Quimicointas' que conocen el gusto del barro palermero y el de La Plata".[306] Estos saberes generan un intercambio reo de conocimientos compartidos en "las churrasquerías forajidas en las proximidades de los hipódromos provinciales", y también un desplazamiento de "turros" "cuyo radio de acción y autonomía de vuelo había sido el cuadrilátero de Talcahuano, Alem, Lavalle y Cangallo" que "conocerán en viaje de turismo San Martín, Tigre y La Plata".[307]

Arlt dirige varias de sus aguafuertes al *alter ego* de estos especialistas, al gil, a ese candidato para el engaño. El hombre que persigue el dato de la fija será retratado con humor y con burla.[308] Se lo verá merodeando por el Stud y el Trattersal reo para sacarle información al bostero que abre la tranquera.[309] Y se lo verá también confiando en el dato de un amigo de un amigo sin reparar que a la fija no la trae ni el viento, ni el azar, ni el diablo: "Tiene un recorrido".[310] Arlt busca abrirle los ojos a sus lectores afirmando "que en el juego las trampas son tan lícitas y justificables como en la guerra".[311] Es por ello que afirma que "la timba está

---

[305] *El Mundo*, 2 de diciembre de 1930, "Risorgimiento de la timba localizada".
[306] *El Mundo*, 2 de diciembre de 1930, "Risorgimiento de la timba localizada".
[307] *El Mundo*, 2 de diciembre de 1930, "Risorgimiento de la timba localizada".
[308] *El Mundo*, 22 de marzo de 1929, "Hombre de Fija".
[309] *El Mundo*, 18 de octubre de 1932, "Visita al Trattersal Reo".
[310] *El Mundo*, 22 de marzo de 1929, "Hombre de Fija".
[311] *El Mundo*, 4 de diciembre de 1929, "Jugadores tramposos".

llena de tongo" y expone: "El tongo" expresa desconfianza en la legalidad con que jueces o jugadores se comportan en una carrera, partido de football o match de boxeo. Creo que con mayor claridad no podría expresarlo la Real Academia Española. [...] 'Tongo' es la palabra broncosa, áspera y tempestuosa cuando estalla en las populares".[312] Con mezcla de atracción y denuncia, Arlt descubre en el juego un sistema entrampado, un modo de complot. Es por ello que afirma "el juego sin trampa, el juego en manos del azar, del azar que se complace a veces en darle suerte a un imbécil, y en quitarle chance a un vivo; el juego de ese modo no tiene razón de ser".[313] Y sentencia: "Hasta la fecha entre los millones de jugadores tontos y los jugadores vivos que recorren las timbas del universo no se conoce uno que se haya enriquecido con el juego".[314]

Sylvia Saítta ha marcado que son pocos los escritores de la literatura argentina que se quejan tanto (Saítta, 1998). Arlt se queja en especial de la doble moral de los ciudadanos que piden "Che... No le diga a mi mujer que me vio en el Hipódromo".[315] Estos personajes visten sobretodo, sombrero y anteojos y "hacen desaparecer el cuerpo del delito en casa de un amigo".[316] Caminan con la vista baja hasta llegar a la ventanilla y se deslizan entre la multitud para no ser vistos. El domingo en Palermo, Arlt se cruza a médicos, dentistas, pintores y artistas famosos, todos disfrazados; "tipos que uno se podía imaginar en una biblioteca, en una iglesia, en un concierto o en un teatro".[317] Estos señores "durante la semana hacen publicidad de salames y cartel de virtualistas", porque "ir al hipódromo para la moral de un barrio sencillo cuyos

---

[312] *El Mundo*, 21 de mayo de 1929, "Del tongo y sus efectos".
[313] *El Mundo*, 4 de diciembre de 1929, "Jugadores tramposos".
[314] *El Mundo*, 4 de diciembre de 1929, "Jugadores tramposos".
[315] *El Mundo*, 21 de octubre de 1932, "No diga que me vio en el hipódromo".
[316] *El Mundo*, 21 de octubre de 1932, "No diga que me vio en el hipódromo".
[317] *El Mundo*, 21 de octubre de 1932, "No diga que me vio en el hipódromo".

habitantes procuran la marmita con un sueldo mensual es una academia peligrosa".[318] Ser visto en el hipódromo sería perder el crédito del almacenero, quedar desenmascarado ante el carnicero y hacer desconfiar al panadero.

Muchos jugadores de incógnita hablan con Arlt y le cuentan infinidad de historias. Todos "al rato de confesar amarguras, recaen fatalmente en la historia vieja y nueva: el jugador que tuvo suerte".[319] Son relatos "donde el azar fabuloso se complace en llevar al jugador y a su familia, del día a la noche, del fondo de un cuchitril a un palacio encantado".[320] Mentiras que no son mentiras, "sino carbón de esperanza: fuego para alimentar la pasión cada vez más arraigada, más dura, más sedienta".[321] El modo de leer de Arlt es extraordinario porque amplifica, expande, asocia, cambia de registro y de contexto la información que recibe (Piglia, 2009). Los casos son varios: el jugador que llegó a las puertas de la más absoluta miseria y que con una moneda hizo saltar una banca; el que entró en la ruleta y estremeció a los banqueros; el que jugó en el hipódromo y se vio obligado a contratar un ganapán para que le llevara a su casa las bolsas cargadas de dinero; el millonario que quedó pobre y que con un billete de un peso reconstruyó su fortuna; el muchacho que por primera vez fue al hipódromo a jugarse un depósito bancario, se equivoca de ventanilla y de número y gana un *sport* de 160 pesos por boleto. ¿Creer o no creer? ¿Qué es lo que quieren estos hombres? ¿Dinero o jugar? Eso se pregunta Arlt. Y la respuesta no demora: "Estoy seguro de que si a mi jugador viniera el diablo y le ofreciera una fortuna a cambio de no jugar, este hombre movería la cabeza, firmaría y al otro día perdería el alma al entrar en una timba".[322]

---

[318] *El Mundo*, 21 de octubre de 1932, "No diga que me vio en el hipódromo".
[319] *El Mundo*, 24 de agosto de 1929, "La sed del jugador".
[320] *El Mundo*, 24 de agosto de 1929, "La sed del jugador".
[321] *El Mundo*, 24 de agosto de 1929, "La sed del jugador".
[322] *El Mundo*, 24 de agosto de 1929, "La sed del jugador".

A modo de conclusión

En el caso de los Estados Unidos, Jackson Lears identificó dos tipos de relatos sobre el azar que se entrelazaban y enfrentaban construyendo dos narrativas diferenciales que convergían en una identidad nacional: aquellos que glorificaban una ética ligada al ascetismo del trabajo para la acumulación regulada de capital y aquellos que enaltecían a los espíritus aventureros que, entregados a los vaivenes del destino, lograban forjar su suerte.[323] Los relatos de Last Reason y Arlt también podrían leerse en clave comparada y, por qué no, opuesta. Allí donde unos celebran el universo reo del turf como un mundo de sentido y de pertenencia, los otros "no elogian el fenómeno sino que lo evidencian nomás".[324] A diferencia de Last Reason y su defensa de la "viveza criolla", el "*statu quo*" y el "Hipódromo Argentino de Palermo", Arlt ubica su estrategia descriptiva en los márgenes. Siguiendo a Sarlo, podríamos decir también que Arlt construye en sus notas la perspectiva del cínico, del nihilista, de quien denuncia la violencia enmascarada pero inexorable de las formas sociales hipócritas.[325] Y es por eso que el sentimentalismo es refutado en las aguafuertes de Arlt y reemplazado por una entonación más exasperada, que busca conmover y dislocar a sus lectores.

Estos dos grupos de relatos reflejan dos sociedades diferentes, o más bien, dos momentos diferenciales de una sociedad en proceso de transformación. El lugar que el juego ocupa en una y otra serie resulta de interés en la medida en que permiten comparar dos diagnósticos en décadas en las que se modifican las circunstancias

---

[323] Lears, Jackson. *Something for Nothing. Luck in America*, Nueva York, Viking Penguin, 2003.
[324] *El Mundo*, 11 de agosto de 1928, "Su majestad el quinielero".
[325] Sarlo, Beatriz. "Un extremista de la literatura (2000)", *Escritos sobre literatura argentina*, Buenos Aires, Siglo XXI, 2007.

económicas, políticas y relacionales. Las crónicas de Last Reason situadas a mediados de los veinte se centran en el mundo burrero como un lugar de pertenencia. La "igualdad entre criollos" emanada desde el Hipódromo Argentino parece diluir, todos los domingos, las diferencias sociales y las controversias ideológicas, cristalizando un núcleo identitario del discurso conservador popular. Esta identidad se complejiza con la incorporación de las señoritas al *Consultorio Patológico* todos los jueves y su inclusión en el universo burrero.

Las aguafuertes arltianas de la década del treinta muestran a los asistentes al mismo Hipódromo Argentino "avergonzados" y "camuflados". Son sectores de las clases medias profesionales y medias bajas que están pidiendo fiado y vienen de barrios sencillos donde el juego aparece como una amenaza para la precaria economía doméstica en la que sobrevuela la condena del desempleo. Ante las estrategias de los desocupados, el juicio crítico de Arlt se apacigua: "Hay otra miseria que no pide limosna: es la de la gente mediocremente vestida, acostumbrada a guardar las apariencias, porque aún las puede mantener con restos de ropa de otros tiempos; y hay días que no tiene qué llevarse a la boca".[326] El desocupado constituye para Arlt un problema social y es por ello que propone crear –"para los desocupados que llegan a 120.000"[327]– un fondo, "una Cuarta".[328] El 21 de febrero de 1931, escribe: "Si cada ciudadano domiciliado en esta ciudad formara con unos pesitos a fin de mes; ¡qué unos pesitos, con algunas chi-

---

[326] *El Mundo*, 25 de febrero de 1931, "Tres pesos para la cuarta".
[327] *El Mundo*, 21 de febrero de 1931, "Cómo ayuda 'La cuarta' a los desocupados".
[328] Cuarta: (Turf) Cadena, soga o cuerda para sacar a suelo firme los vehículos empantanados. Ver Cuartear: (Lunf.) sacar del barro, de dificultades o de problemas. En Escobar, Raúl. *Diccionario lunfardo del hampa y el delito*, Buenos Aires, Distal, 2004.

rolitas! Se juntarían unos buenos pesos".[329] Días después, Arlt publica la respuesta de varios de sus lectores a los que ha convencido, y que le envían "unos pesos" y "unos numeritos para aliviar la situación de esos desdichados"[330] saliendo del diagnóstico de "incultura fenomenal" y "de egoísmo monstruoso"[331] con el que Arlt dibuja a la sociedad de su tiempo.

Estas dos narrativas muestran también dos geografías múltiples: recorren dos ciudades. Las crónicas de Last Reason tienen su centro de enunciación en Palermo, en el Hipódromo Argentino, en la Perrera, y muchas de sus crónicas organizan el modo de llegar hasta ese centro. En las crónicas de Last Reason se refuerza la cercanía: entre burreros, entre el reportero y los lectores, entre cronistas y políticos, entre criollos y –por qué no– señoritas. Las aguafuertes recorren una ciudad ampliada que alcanza La Plata, pasa por San Martín, hace base en Palermo y sigue hasta Tigre. Las aguafuertes hacen visible una ciudad invisible: develan las prácticas ilegales y sus disfraces; el modo en que estas formas de intercambio popular se esconden en el mercado, en la barbería, en el local del lustrabotas. Las aguafuertes describen la morfología[332] de los barrios pobres y sus avatares, su informalidad: narran las angustias de los que quieren subir y no pueden. Estas dos narrativas elaboran dos relatos diferenciales que convergen en una –problemática– identidad nacional.

---

[329] *El Mundo*, 21 de febrero de 1931, "Cómo ayuda 'La cuarta' a los desocupados".
[330] *El Mundo*, 25 de febrero de 1931, "Tres pesos para la cuarta".
[331] *El Mundo*, 25 de febrero de 1931, "Tres pesos para la cuarta".
[332] Moretti, Franco. *Atlas de la novela europea, 1800-1900*, Madrid, Siglo XXI, 1999.

Capítulo IV
Itinerarios: tango y timba en la ciudad

"En el naipe del vivir,
para ganar, primero perdí."

Francisco García Jiménez[333]

A partir del archivo de partituras de la Biblioteca Nacional, he organizado temáticamente un conjunto de tangos para otorgar más densidad a un aspecto problemático de la vida de la ciudad trabajado en el capítulo anterior: los circuitos de juego. Siguiendo la propuesta metodológica de Franco Moretti (1999), quien configura una serie de itinerarios a partir de una constelación de novelas europeas, intenté recuperar –en "las letras de tango"– los lugares de timba y sus recorridos por la ciudad. "El método lo es todo", decía Moretti en las primeras páginas del *Atlas de la novela europea* (publicado por primera vez en español en 1999), en el que la dimensión geográfico-morfológica abrió nuevas líneas de investigación sobre trayectorias urbanas y *corpus* literarios.[334]

Lejos de significar un estudio acabado sobre la relación entre el juego y el tango en la ciudad, estas páginas pretenden dar vida a un *corpus* acotado de coquetas partituras que se encuentran en el archivo de la Biblioteca Nacional, con el objetivo de reconstruir una serie de itinerarios posibles dentro de un período específico. Las "letras de tango", sin mayor especificación, son un concepto demasiado

---

[333] *Suerte Loca*. Tango de 1924, con música de Anselmo Aieta y letra de Francisco García Jiménez. En Aieta, Anselmo. *Buenos Aires y su música*, Buenos Aires, Record, 1973. Número de Inventario: PA185202.

[334] Moretti, Franco. *Atlas de la novela europea, 1800-1900*, Madrid, Siglo XXI, 1999.

amplio, y por ello, es conveniente establecer un marco cronológico: en este capítulo, solo nos ocuparemos de la época de surgimiento del tango canción que va de 1917 a los años treinta. Este período de esplendor de "las letras" ha sido denominado gardeliano y se extiende desde la invención del tango canción hasta la muerte de Gardel en 1935 (Lagmanovich, 2000).

Diversos estudios señalan a 1917 como el año en el que se funda el tango canción en la Argentina. *Mi noche triste*, de Pascual Contursi, se considera un hito en la historia del tango y también un punto de partida (Vilariño, 1965; Rivera, 1976; Gobello, 1980). El tango canción es un novedoso producto cultural en la medida en que estabiliza y pone en el centro de la escena a "las letras" que, de la mano de nuevos soportes como la publicación de partituras, el despliegue de los fonógrafos y las compañías discográficas locales, se irán haciendo conocidas en los hogares de clase media. El tango canción es además una poética que narra la ciudad. De acuerdo a la perspectiva de Eduardo Romano (Romano, 1983), las letras de tango toman el habla de la calle y la vuelven narración. Y el entorno que aparece en las acciones narradas es el territorio urbano de la pieza, el barrio, el conventillo y su patio, el café, el bulín y el garito. Como ha señalado David Lagmanovich (2000), el tango canción abandona la retórica rural del modernismo para cantar sobre la vida en la ciudad y sus espacios públicos: espacios artificiales y ficticios que sustituyen al hogar propio; lugares de diversión que son también escenarios impersonales donde se despliegan dramas personales.

Recientes investigaciones de historia cultural marcan que la expansión del tango se dio en sintonía con grandes cambios en las condiciones materiales de difusión (Matallana, 2008; Pujol, 1994). Por un lado, la explosión de la tecnológica radiofónica de los años veinte permitió llevar a la esfera de la vida privada melodías que antes solo se escuchaban en vivo (Matallana, 2006) y eslóganes de productos que renovaron las pautas de consumo (Rocchi, 1999). En segundo lugar, cabe señalar que con la creación de las compañías discográficas –la paradigmática Max Gluksmann, que a principios de los años veinte organiza concursos de canciones de tango en el teatro Odeón, el sello Electra y la Víctor– emerge la grabación de discos y la reproducción de la "música mecánica". En tercer lugar, las revistas de los años veinte y treinta especializadas en tango, primero, y luego en radiofonía, se ocupan de transformar a los autores, compositores y cantantes en protagonistas de un incipiente *Star System* local. Por otra parte, a partir de 1927, el cine sonoro instala nuevos interrogantes sobre el mercado hispano al tiempo que reconfigura los circuitos de circulación del tango cantado en las películas (Viñas, 1995). La experiencia de Carlos Gardel y Alfredo Le Pera en los Estados Unidos de los primeros años treinta y la singular popularidad que adquiere el primero en la gran pantalla tal vez resulten un punto de inflexión de este recorrido (Matallana, 2008).

Las casas editoras de partituras también fueron un elemento clave en la promoción del tango canción y configuran el *corpus* central de esta investigación. El archivo de partituras de la Biblioteca Nacional cuenta con un fondo inventariado de 65.000 piezas, entre las que se destaca un número significativo de partituras de tango. Este fondo alberga partituras de las casas editoras más destacadas que se consolidaron a partir de la década del diez –Pirovano, Alfredo Perroti, Ricordi y Cía., Julio Korn y Joubet Hermanos– y que son un singular registro impreso de las notas, las letras y las coquetas portadas de los tangos del período. La industria editorial de partituras fomentó una diversidad de productores y consumidores del tango que le dieron un carácter abierto y heterogéneo. Estas editoriales contribuyeron a que este género nacido en los sectores populares de finales del siglo XIX se expandiera hacia toda la sociedad porteña en las primeras décadas del siglo XX.

Las letras de tango proponen recorridos y configuran un marco en el que se mueven sus protagonistas: compadritos, patoteros, jóvenes abandonados, integrantes de las barras de amigos. Como ha señalado Archetti (2003), los narradores de los tangos parecen ser hombres de clase media, de mediana edad, solteros, que crecieron en los barrios y ahora transitan el centro, que disfrutan del tiempo libre con la barra y frecuentan los cafés diariamente. Los tangos no retratan la felicidad de la vida familiar ni construyen imágenes que celebran el noviazgo, el matrimonio y los hijos. Como contrapunto de los folletines de los años veinte y sus ideales románticos (Sarlo, 1985), el tango construye un lenguaje público donde los hombres vagan por un territorio habitado por hombres o por mujeres independientes, sofisticadas, sensuales y peligrosas: las milonguitas, las milongueras y las mantenidas. Los tangos como textos son para Archetti (2003) elementos esenciales en el mapa de la "mitología moderna", "de la *comedie humaine*" de la ciudad de Buenos Aires.[335]

En la narración de esa mitología moderna, las letras de tango elaboran una idea estática de la ciudad y sus límites: construyen una imagen anclada en el tiempo. Como ha sido estudiado por Gorelik (2004), el suburbio de los tangos presenta una resolución paradójica al dilema entre modernidad y tradición, ya que ubica la quietud de un paisaje en los bordes de la ciudad tradicional en un momento de modernización vertiginosa. Se trata de una perspectiva que se ancla en un orden esencial que rescata en la ciudad moderna los resquicios de una temporalidad arcaica. Y lo

---

[335] Archetti, Eduardo. *Masculinidades. Fútbol, tango y polo en la Argentina*, Buenos Aires, Editorial Antropofagia, 2003, p. 185.

notable es que los tangos, como un amplio sector de las vanguardias de los años veinte, instalan esas aspiraciones estáticas en el suburbio, la región más dinámica y conflictiva de la ciudad, "más resistida a ser incluida en la imagen de *la ciudad* por los sectores tradicionales".[336] Los tangos de los años veinte y treinta se ubican en el plano de la memoria nostálgica, de la interpretación quiromántica de lo real propia del clasismo-criollo.[337]

Es por ello que al *corpus* de letras de tango hemos sumado otras narrativas –las de la prensa periódica y los magazines ilustrados– que permiten ampliar el mapa de juego hacia otras zonas suburbanas. Esta amplitud de fuentes responde a la problemática señalada por Adrián Gorelik (2004), que entiende que para narrar la ciudad hay que volver a construirla, atravesarla con hipótesis que dejen ver qué Buenos Aires podría recorrerse. En efecto, como ha demostrado Sarlo (1988), la gran ciudad, más que un concepto demográfico o urbanístico, aparece como una categoría ideológica.[338] La construcción de la metrópoli implica tanto la ampliación de sus límites (geográficos) como la incorporación de referentes (simbólicos) que encuentran en ciertas narrativas tópicos que ponen en

---

[336] Gorelik, Adrián. "Imágenes para un fundación mitológica. Apuntes sobre las fotografías de Horacio Coppola", en *Miradas sobre Buenos Aires. Historia, cultura y crítica urbana*, Buenos Aires, Siglo XXI, 2004. pp. 96-111.

[337] "La imaginación quiromántica procede de la búsqueda por recuperar 'claves antiguas' de interpretación de lo real". Tomamos la expresión del texto de Gorelik, Adrián. "Mapas de identidad", *Miradas sobre Buenos Aires. Historia, cultura y crítica urbana*, Buenos Aires, Siglo XXI, 2004. pp. 17-68.

[338] Sarlo, Beatriz. *Una modernidad periférica: Buenos Aires 1920- 1930*, Buenos Aires, Nueva Visión, 1988, pp. 13-29.

discurso el pasaje de la "gran aldea" a una ciudad que se percibe como compleja, peligrosa y difícil de conocer.[339]

El mundo del juego ilegal, ubicado en Avellaneda, será un núcleo de interés del periodismo de los años treinta, y sus hampones serán sus protagonistas. Las figuras de Ruggierito, Barceló y su principal contrincante, el Gallego Julio Valea, ocuparán las páginas de la reapertura de *Crítica* y *Caras y Caretas*.[340] Así, los arquetipos de las narrativas tangueras (que convierten la acción de venir al centro en un doble desenlace que, por un lado, puede ser fatal y así funcionar como ejemplificador y domesticador de las costumbres, o por otro, puede ser festivo, amigable y pacífico) conviven con las dinámicas preformativas de otras industrias culturales como la prensa periódica y el cine sonoro que, en conjunto, elaboran un estilo de vida urbano entre modernidad y tradición, entre la ciudad y la pampa.

1. Viaje sincrónico por la ciudad celebratoria

1.1. Corredor Palermo-Belgrano

El concurso nacional organizado por la empresa Glücksman en el teatro Odeón en 1926 otorga al tango *Bajo Belgrano* el tercer puesto.[341] Este tango con letra de García Jiménez y música de Anselmo Aieta retrata al Hipódromo

---

[339] Saítta, Sylvia. *Regueros de tinta. El diario* Crítica *en la década de 1920*, Buenos Aires, Editorial Sudamericana, 1998.

[340] Para un análisis de las representaciones de Ruggierito en la prensa, ver Cecchi, Ana. "Polifónicas imágenes delictivas: narrar a Ruggierito", en *Revista de Estudios Literarios Especulo*, Madrid, Facultad de Ciencias de la Información, Universidad Complutense, año XIV, núm. 45, julio-octubre de 2010.

[341] Benedetti, Héctor Ángel. *Las mejores letras de tango. Antología de doscientas cincuenta letras, cada una con una historia*, Buenos Aires, Grupo Editorial Planeta / Booket, 2003, p. 409.

Nacional, que se había inaugurado en 1887.[342] En este hipódromo –con 10.111 metros cuadrados de superficie y entrada por las calles Blandengues y Monroe–, se corrían carreras a la inglesa y fue asiduamente concurrido por el público hasta su cierre en 1913.[343] Si se observan planos de 1898,[344] puede verse el emplazamiento del Hipódromo Nacional ubicado en las intersecciones de las calles Blandengues y Monroe. A pocas cuadras se encontraba el reservorio de Aguas Corrientes y luego se extendía una cuadrícula de manzanas homogéneas entre Monroe y La Pampa, en un sentido, y entre las calles Maziel y Arribeños, en el otro. En un plano de 1906,[345] aquella cuadrícula figura con el nombre de Bajo Belgrano y fue una zona próspera en *studs* y cafés burreros.

---

[342] "Ciudad de Buenos Aires", *Censo General de Población, Edificación, Comercio é Industrias de la Ciudad de Buenos Aires, Capital Federal de la República Argentina: levantado en los días 17 de agosto, 15 y 30 de setiembre de 1887.* Tomo II, Buenos Aires, Compañía Sud-Americana de Billetes de Banco, 1889, p. 117.
[343] Arcidiácono, Fernanda; Belensky, Silvia; Campius, Alicia. "Palermo: un siglo de carreras", en *Todo es Historia*, núm. 125, 1977, pp. 61-75.
[344] Ver *Plano del Municipio de la Capital Federal con la nomenclatura de calles y caminos. Secciones policiales hasta 1898.*
[345] Sanguinetti, Domingo. *Plano de la ciudad de Buenos Aires: con la numeración de las propiedades*, Buenos Aires, Guillermo Kraft, 1906.

Imagen 8. Bajo Belgrano (1926)

¡Bajo Belgrano, cómo es de sana
tu brisa pampa de juventud
que trae silbidos, canción y risa
desde los patios de los studs![346]

---

[346] *Bajo Belgrano*. Letra de Francisco García Jiménez y música de Anselmo Aieta. Impreso por Alfredo Perrotti. S.d (1926). Número de Inventario: PA064532.

La zona de Barrancas, entre La Pampa, la avenida Vertiz y el arrollo Maldonado, constituía una amplia extensión verde, también rica en *studs* y cría de caballos. La proximidad con el Hipódromo Argentino de Palermo –inaugurado en 1876– prolongó durante años el ambiente turfístico de la zona, formando un corredor que perduró en la memoria narrativa de las letras de tango y continuó siendo un referente del juego en la ciudad.[347] Como ha señalado Andrea Matallana (2008), la antigua avenida de los Ombúes llegaba –en la intersección con Vertiz– hasta el final del terreno del Hipódromo Argentino de Palermo y era el cruce entre Palermo y Belgrano, donde funcionaban lugares de apuestas y circulaba la gente más diversa. Los *studs* que rodeaban a Palermo eran frecuentados por bohemios y tangueros –que tenían caballos– y fueron objeto de varias letras de tango canción. Tal vez porque los jugadores eran tangueros, esta práctica pareció indisociable a la música porteña, y por ello, muchos nombres de *studs*, performances de caballos –*El siete en punta*;[348] *Setecientos en cuarenta segundos*[349]– y cuidadores de caballos aparecen como los personajes centrales de esta forma de poética. La edición impresa del tango *Bajo Belgrano*, por ejemplo, está dedicada "al distinguido y prestigioso *entraîneur* Alfredo Callejas". Años más tarde, José Cifarelli y Miguel Genovese dedican "con afecto fraternal al Dr. Francisco Angostti y flia." la milonga turfística sobre la historia del jockey *Héctor Padula*.[350]

---

[347] En un plano de 1916 todavía puede verse la silueta del Hipódromo Nacional del Bajo Belgrano. Ver Bemporat, A. *Plano centenario de la Capital Federal*, Buenos Aires, Oficina Cartográfica Bemporat, 1916.
[348] *El siete en punta*. Letra y Música: Soler Ramón; Impreso por Ortelli Hnos. S.d. Número de Inventario: PA064626.
[349] *Setecientos en cuarenta segundos*. Letra: Canapale, Carlos. Música: Prandeta, Roberto. Impreso por: Arnaldo Boccazzi. 1938. Número de Inventario: PA178084.
[350] A *Héctor Padula*. Letra: Cifarelli, José. Música: Genovese, Miguel. Impreso por: Ediciones Ferrer. S.d. Número de Inventario: PA013683.

El tango *A la vuelta*,[351] de Hugo Matienzo, muestra cómo al salir del Hipódromo Argentino los cafés de la vuelta esperaban en el otoño y en el invierno, cuando se realizaban la mayor cantidad de reuniones turfísticas, una importante afluencia de concurrentes que se reunían para celebrar. Palermo era un paseo dominical elegante y una costumbre muy asentada en la ciudad de los años veinte, y también un lugar de identidad, como puede apreciarse en el tango *Yo nací para Palermo*,[352] que ubica su relato "hace treinta años" "en los tiempos de Old Man y Biblia"; "del mano a mano entre Antúnez-Leguisamo". Como lo ha demostrado Francis Korn (1989) en *Buenos Aires: los huéspedes del veinte* a través de la mirada de los viajeros que vistan Buenos Aires, Palermo integra un punto del recorrido por la ciudad moderna y elegante en sintonía con la avenida Alvear, la plaza San Martín, la plaza de Mayo y Callao. Los planos de 1916, 1924 y 1935 ilustran que en los alrededores de la zona del Hipódromo Argentino de Palermo se establecieron hasta asentarse el Golf Club Argentino y –del otro lado de las vías de ferrocarril– el Tiro Federal y una escuela de tiro.[353]

El domingo en Palermo era un espacio identitario, pero también un terreno del descanso, el placer y las fantasías igualadoras. La visita al Hipódromo Argentino deriva en bailes, juegos de póker y champaña. García Jiménez retrata en su tango *Lunes*[354] el universo festivo del domingo en

---

[351] *A la Vuelta*. Música y Letra: Hugo Matienzo. Impreso por: Ortelli Hermanos. S.d. Número de Inventario: PA064643.

[352] *Yo nací para Palermo*. Letra: Botti, Modesto. Música: Mayel, Carlos. Impreso por: Arnaldo Bocazzi. 1947. Número de Inventario: PA015422.

[353] Ver Bemporat, A. *Plano centenario de la Capital Federal*, Buenos Aires, Oficina Cartográfica Bemporat, 1916; *Plano de la Ciudad de Buenos Aires, Capital de la República Argentina con el trazado general propuesto por la Comisión Estética Edilicia, Intendencia del Doctor Carlos M. Noel*, 1924, Buenos Aires, 1927; *Plano de Buenos Aires y sus alrededores*, Buenos Aires, Edición Peuser, 1935.

[354] *Lunes*. Letra: García Jiménez, Francisco. Música: Padula, José. Impreso por: Alfredo Perrotti. 1929. Número de Inventario: PA017139.

Palermo en contraposición a la amargura del comienzo de la semana laborable. Allí, "hasta el más seco pudo ser por diez minutos un bacán". En este retrato en clave costumbrista, el lunes es la vuelta a la dura realidad.

Imagen 9. *Lunes* (1929)

[...] El almanaque nos canta que es lunes,
que se ha acabado la vida galana,
que se nos viene una nueva semana
con su cansado programa aburridor.

Camino del taller
va Josefina,
la que en el baile, ayer,
ay iba de fina.
La reina del salón
Ella se oyó llamar...
Del trono se bajó
Para ir a trabajar...

El lungo Pantaleón
ata la chata
de traje fulerón
y en alpargata.
Ayer en el Paddock
jugaba diez y diez...
Hoy va a cargar carbón
al Dique tres.

Se fue el domingo del placer,
Festines, póker y champán.
Hasta el más pobre pudo ser
por diez minutos un bacán.

El triste lunes se asomó,
mi sueño al diablo fue a parar,
la redoblona se cortó
y pa'l laburo hay que rumbear. [...][355]

Como lo expresaban las crónicas de Last Reason, Palermo constituye también un lugar de aprendizaje que

---

[355] *Lunes*. Letra: García Jiménez, Francisco. Música: Padula, José. Impreso por: Alfredo Perrotti. 1929. Número de Inventario: PA017139.

requiere cierta preparación. *Prepárate pal' el domingo*[356] otorga detalles sobre aquel ritual. Los "aprontes" –preparativos para la carrera– tienen un pautado guión "si querés cortar la yeta". Jugar a "ganador" es un proceso complejo en el que está implicado "un datero" que tiene un dato seguro ("una rumbiada papa"), un bacán y un pacto de confianza entre amigos que comparten "la chaucha".[357] La amistad "se cotiza" en las buenas y en las malas. Los datos "pulentas" se brindan por amistad. Eso sí, no hay que hacer "correr la bola / entre gente que palpita", ni "violentarse en la largada". Y si todo sale bien, se esperan "en el Conte pa' festejar". Se trata de un juego de relaciones sociales.

La figura de Gardel llenará de condimentos las representaciones sobre el entorno burrero del hipódromo de Palermo. Como ha señalado Andrea Matallana (2008), Gardel no faltaba a ninguna carrera los días domingo y tenía cinco caballos: Lunático, Theresa, Explotó, Guitarrista y Mocoroa, que estaban a cargo del cuidador Francisco Maschio. En la grabación para Odeón de 1927 del tema *Leguisamo solo!...*,[358] Gardel le dedica unas palabras a Francisco para hablarle de su caballo Lunático antes de cantar: "Bueno, viejo Francisco, decile al Pulpo que a Lunático lo voy a retirar a cuarteles de invierno. ¡Ya se ha ganao sus garbancitos! Y la barra, completamente agradecida. Sentí la barra: ¡Muy bien! ¡Salute!". Como ha señalado Benedetti (2003), el caballo Lunático de Gardel corrió con el jockey

---

[356] *Prepárate pal' domingo*. Letra: Rial, José. Música: Barbieri, Guillermo. Impreso por: Pirovano. 1957 (1931). Número de Inventario: PA014369. Este tango fue grabado por Barbieri, Rivero y Vivas el 4 de septiembre de 1931.
[357] Chaucha: dinero para la apuesta. En Escobar, Raúl. *Diccionario Lunfardo del hampa y el delito*, Buenos Aires, Distal, 2004.
[358] *Leguisamo solo!...* Letra: Bayón, Herrera. Música: Papávero, Modesto Hugo. Impreso por: Alfredo Perrotti, 1945 (1925). Número de Inventario: PA0077759.

uruguayo Irineo Leguisamo en veintiocho oportunidades, haciéndole ganar nueve premios.

Irineo Leguisamo se convirtió en un modelo de éxito del período y también en un modelo de masculinidad. Llegó a Buenos Aires en 1922, y para 1925, ya tenía 97 triunfos en Palermo. *Leguisamo solo!...*[359] se estrenó en 1925 en una revista del teatro Bataclán. *En la raya lo esperamos* fue interpretado por Tita Merello y tuvo un éxito inesperado. Durante catorce años consecutivos, el jockey Leguisamo mantuvo el récord estadístico de victorias hasta que en 1937 y 1939 el jockey Elías Antunez le quita la primacía.[360] En 1938 se escribe el tango *Volvió Leguisamo*,[361] en el que se celebra la vuelta al primer puesto del jockey que atraía a las multitudes porteñas. Los tangos *Acosta solo*[362] y *Romántico solo*[363] también cantan a dos estrellas de la época, el jockey Máximo Acosta y el caballo Romántico. Ninguno alcanzó, sin embargo, la muñeca[364] en sus memorables hazañas y el estrellato de Irineo Leguisamo: largaba entre los últimos, se iba acercando a los punteros y, ante el griterío general, sacaba ventaja al filo del disco.

"El Pulpo" Irineo Leguisamo y Carlos Gardel eran grandes amigos. La popularidad de ambos personajes y su singular afición por el mundo burrero signaron las

---

[359] *Leguisamo solo!* ... Letra: Bayón, Herrera. Música: Papávero, Modesto Hugo. Impreso por: Alfredo Perrotti. Número de Inventario: PA0077759.

[360] Datos extraídos de Arcidiácono, Fernanda; Belensky, Silvia; Campius, Alicia, "Palermo: un siglo de carreras", en *Todo es Historia*, núm. 125, 1977, p. 69.

[361] *Volvió Leguisamo*. Letra: Belando, Juan Alberto. Música: Ciarallo, Pedro Arturo. Impreso por: Vida Argentina. 1938. Número de Inventario: PA064424.

[362] *Acosta solo*. Letra: Pérez, Cipriano. Música: Padula, Miguel. Impreso por: Miguel Padula. 1938. Número de Inventario: PA175492.

[363] *Romántico solo*. Música y Letra: Fernández, Roberto. Impreso por: Julio Korn. 1938. Número de Inventario: PA185387.

[364] Ver el tango *Qué muñeca*. Letra y música: Paternoster, José. Impreso por: Gornatti Hermanos. 1938. Número de Inventario: PA176379.

significaciones asociadas al juego en la vida cultural de la ciudad. Gardel interpreta varios tangos sobre el mundo del hipódromo y -de la mano de los nuevos soportes de la industria cultural- les otorga una gran llegada al público. En 1929, Carlos Gardel grabó para la compañía Odeón un tango de Francisco Canaro llamado *Uno y uno*.[365] Allí se narra la práctica de apostar a un boleto ganador y otro a *placé*, propia de los jugadores venidos a menos como es el caso retratado en esta letra. En 1930, con guitarras de Aguilar, Barbieri y Riverol, Gardel graba para la compañía Odeón el tango *Canchero*,[366] del letrista Celedonio Flores, que se hará famoso en uno de los primeros cortometrajes del cine sonoro en la Argentina. La letra del tango de Celedonio Flores realiza una confrontación entre la vida misma y una carrera del premio "Nacional". Allí se habla de un personaje que en el barrio era "un barrero"[367] que siempre salía primero y al que el cariño de una mujer "sacó de perdedor". Una vez recuperado del desengaño, el personaje comienza "a probar fortuna" en la carpeta,[368] y si "muchas veces la suerte" le fue amistosa y cordial, "otras noches salí seco a chamuyar con la luna / por las calles del sensible arrabal". Esta canción aparece cantada por Gardel en uno de los cortometrajes de Eduardo Morera que inicia el cine sonoro, situando esta poética en un nuevo dispositivo que cautivará a las audiencias de América Latina.

En efecto, a partir de 1927 el cine sonoro segmenta las pertenencias lingüísticas. Además de la crisis generalizada

---

[365] *Uno y uno*. Letra: Traverso, Lorenzo. Música: Pollero, Julio. Impreso por: Universal. 1945 (1928). Número de Inventario: PA189811.
[366] *Canchero*. Letra: Celedonio Flores. Música: De Bassi, Arturo. Impreso por: Editorial Pampa. 1949 (1930). Número de Inventario: PA012490.
[367] Barrero: persona hábil que se adapta. En Escobar, Raúl. *Diccionario lunfardo del hampa y el delito*, Buenos Aires, Distal, 2004.
[368] La carpeta: juego de naipes. En Escobar, Raúl. *Diccionario lunfardo del hampa y el delito*, Buenos Aires, Distal, 2004.

de los astros del cine mudo, la industria cinematográfica de Hollywood se enfrenta ante una atmósfera de geografías culturales de diversos idiomas que resuelven la incorporación del inglés de manera sintomática.[369] El subtitulado será un rasgo característico del modo en que las vastas audiencias de los cines porteños se adaptarán a este fenómeno, mientras el doblaje caracterizará a la mayoría de los escenarios europeos. Los astros del tango canción ocuparán un lugar paradigmático en este fenómeno en la medida en que sus canciones responden a nuevos interrogantes sobre el mercado hispano y reconfiguran los circuitos de circulación del tango como producto en español.[370] El tango compite con el cine sonoro por las audiencias, por las páginas de las revistas especializadas del *Star System* porteño (*La Canción Moderna, Antena, Sintonía*) y por la figura de Gardel.

En un número de la revista *Antena* de 1934, las palabras del compositor Homero Manzi dan cuenta del tono de rivalidad entre estas incipientes industrias culturales donde el cine aparece como un producto decadente y el tango canción como una expresión triunfante del mundo de habla hispana.

> Su primera película "Luces de Buenos Aires" era una cosa absurda, donde hacía de gaucho melancólico, sobre el fondo de una muy pareja "pampa" francesa [...] sin embargo bastó que cantara *Tomo y Obligo* para que la película recorriera triunfante el mundo de habla española. Lo mismo sucedió con "Melodía de arrabal", donde dos tangos salvaron los miles de metros de rodados en cafetines marsellés y callejones de difícil filiación geográfica.[371]

---

[369] Ver Sklar, Robert. *Movie-Made América. A Cultural History of American Movies*, Nueva York, Vintage, 1994.

[370] Ver Borge, Jason (comp.). *Avances de Hollywood. Crítica cinematográfica en Latinoamérica, 1915-1945*, Rosario, Beatriz Viterbo, 2005.

[371] Manzi, Homero, "El error de Gardel", en *Antena*, 1934.

El artículo toma como ejemplo el tango *Tomo y obligo*[372] de 1931, como contrapunto de la decadencia de la película *Luces de Buenos Aires* producida por los estudios Paramout-Joinville de Francia.[373] El texto retoma un debate del período, al cuestionar la incorporación de Gardel a la industria cinematográfica internacional en dos direcciones. Por una parte, se trata de "ambientes arbitrarios", de "difícil filiación geográfica", "carentes de interés argumental y de valor nacionalista": se pone en cuestión la ausencia de verdaderos referentes locales. En este mismo sentido, Romano (1983) reprocha de las letras de Alfredo Le Pera esa ausencia de arraigo contextual, cierta ambientación excesivamente europea, condenadamente universal. Por otra parte, el vínculo de Gardel con la industria internacional aparece estigmatizado por componentes netamente mercantilistas que desnaturalizan su "arte". Pareciera tratarse de una poética de la concesión: "Las grandes compañías aprovechan la popularidad del tango para sus negocios". Gardel se convierte así en "portavoz de tal proyección mercantilista [...] vestido de smoking para sus películas filmadas en Francia o Estados Unidos", y "al que la Víctor le hace grabar *foxtrots, shimmies* o *fados*, desnaturalizando su arte interpretativo".[374]

Esta lectura en clave negativa apunta como culpable a Alfredo Le Pera, pero no es más que una lectura posible. En efecto, si los tangos escritos por Le Pera e interpretados por Carlos Gardel parecen haber ampliado y diversificado el público del tango a escala internacional, este hecho no

---

[372] *Tomo y obligo*. Letra: Romero, Manuel. Música: Gardel, Carlos. Impreso por: Julio Korn. 1945 (1931). Número de Inventario: PA021131.
[373] Barsky, Julián y Osvaldo. *Gardel, la biografía*, Buenos Aires, Taurus, 2004.
[374] Romano, Eduardo. "Las letras de tango en la cultura popular argentina", *Sobre poesía popular argentina*, Buenos Aires, Centro Editor de América Latina, 1983, pp. 89-115.

puede sino ser interrogado a la luz del acertijo de toda industria cultural exitosa: la cultura, ¿es una mercancía paradójica?[375] Isabel María del Campo (1955) reconoce la influencia de Le Pera en el repertorio de Carlos Gardel. Le Pera aparece para la autora como un "hombre estudioso y trabajador, de gran talento y vasta cultura", cuya trayectoria profesional se vincula a la crítica teatral de los periódicos *Ultima Hora* y *El Mundo*. Para la autora, Le Pera amplía el público: "Era necesario suavizar aristas, limar asperezas para que sus composiciones fueran comprendidas y escuchadas con el mismo interés en la calle Corrientes que en las repúblicas de Centroamérica. No es el mismo público el de un cabaret, que el de una sala cinematográfica; por eso, las letras de sus canciones tuvieron, en lo sucesivo, un giro que las hacía más atractivas y accesibles a gustos diversos".[376]

Es preciso señalar que varias de las películas sonoras realizadas por Carlos Gardel entre 1932 y 1935 tenían guiones de Alfredo Le Pera, y que en todas se interpretaban tangos cantados que luego daban título a las películas. Así sucede con *Melodía de arrabal*, filmada por la Paramount Joinville-Francia en 1932, y *Cuesta abajo*, grabada en 1934 en los estudios Paramount de Long Island, Nueva York. Allí Gardel interpreta la canción homónima[377] en la que se narra una historia de desengaño. Varios de estos tangos relacionaban a Buenos Aires con un tono amargo y nostálgico, donde el arrabal aparece como territorio de referencia. Del mismo modo, los tangos que aparecen en el film de

---

[375] Horkheimer, Max y Adorno, Theodor. "La industria cultural. Iluminismo como mistificación de masas", *Dialéctica del Iluminismo*, Buenos Aires, Sudamericana, 1988.
[376] Del Campo, María Isabel. *Retrato de un ídolo. Vida y obras de Carlos Gardel*, Buenos Aires, Albores, 1955, pp. 118-120.
[377] *Cuesta abajo*. Letra: Le Pera, Alfredo. Música: Gardel, Carlos. Impreso por: Julio Korn. 1961 (1934). Número de Inventario: PA020529.

1935 *El día que me quieras, Suerte Negra*,[378] *Volver* y *Sus ojos se cerraron* hablan de un destino trágico, del azar y de la suerte en clave negativa. El desencanto frente al destino se relaciona con el desencanto en el amor. Y así, la ciudad es un territorio al que se vuelve "con la frente marchita"; se convierte en un *Arrabal amargo*.[379]

El alcance y la difusión de las letras de Alfredo Le Pera interpretadas por Gardel han signado la historia del tango. La precipitada muerte de Gardel en 1935 y su repercusión en la prensa local y extranjera implicaron la reescritura de su vida, de sus orígenes, de sus amigos, de su trayectoria dentro y fuera del mercado local, y de la interpretación de sus poéticas (Matallana, 2008). El estreno de la película *Tango bar* (Paramount Pictures, Long Island, Nueva York) el 22 de agosto de 1935 en el cine Suipacha, luego de la muerte de Gardel, donde el cantante interpreta el tango *Por una cabeza*,[380] quedará por siempre en las representaciones entre el tango y la timba. La secuencia de imágenes que articulan el Hipódromo Argentino con la orquesta que acompaña al cantante dejaron asociado –en la memoria poética del tango– el mundo burrero al aura del Zorzal. Estas letras se apartan de los detalles costumbristas de las letras que hablaban de las calles del corredor entre Palermo y Belgrano, de los nombres de los cuidadores de caballos, de los jockeys y de las pautas concretas de aprendizaje para narrar historias trágicas donde el arrabal pierde precisión y gana referencia mítica.

---

[378] *Suerte negra*. Letra: Le Pera, Alfredo. Música: Gardel, Carlos. Impreso por: Julio Korn 1938 (1935). Número de Inventario: PA182848.
[379] *Arrabal amargo*. Letra: Le Pera, Alfredo. Música: Gardel, Carlos. Impreso por: Julio Korn. 1961 (1935). Número de Inventario: PA007279.
[380] *Por una cabeza*. Letra: Le Pera, Alfredo. Música: Gardel, Carlos. Impreso por: Julio Korn. 1961 (1935). Número de Inventario: PA004676.

Imagen 10. *Suerte negra*

Imagen 11. *Tomo y obligo*

Imagen 12. *Uno y uno*

1.2. El juego de la vida

El 22 de mayo de 1935 se estrena una de las primeras producciones de Argentina Sono Films, *Monte criollo*. Ese día, en el cine Monumental, Azucena Maizani subía al escenario para cantar el tango homómino[381] en el que se mencionaba el ritual de "tres toques" del juego de naipes. Como ha estudiado Sandra Gayol (2000), los juegos de naipes fueron muy habituales en los despachos de bebidas porteños de entre siglos. La autora se detiene especialmente en el truco, el mus y la murra, como juegos arquetípicos del período, pero también menciona la treinta y una, la ciega, el monte criollo, la brisca, la blanca y la colorada y el tute, entre una lista mucho más extensa a la que se podrían agregar el póker y el siete y medio.

Lo juegos de cartas requieren habilidad, destreza, astucia, equilibrio, dignidad y orgullo como valores positivos. Imponerse en el juego implicaba también imponerse en otros ámbitos de la vida, advertir las dificultades, superar los obstáculos y salir adelante. Con el cambio de siglo, los duelos de honor se fueron haciendo menos comunes en el espacio urbano (Gayol, 2008), y las disputas se iban resolviendo paulatinamente en otros terrenos. Los naipes eran uno de ellos. De acuerdo a Archetti (1995), los tangos y los naipes reúnen elementos paradójicos de la masculinidad moderna en la medida en que reemplazan gradualmente a las formas de la violencia de los duelos a muerte. Los juegos de naipes fueron una forma de entretenimiento clave de la vida urbana y conformaron un rito de pasaje de la masculinidad en la ciudad moderna: eran una oportunidad de aprender.

---

[381] *Monte criollo*. Letra: Manzi, Homero. Música: Pracánico, Francisco. Impreso por: Southern Music Internacional. 1935. Inventario Número: PA178475.

Como la vida, los juegos de cartas enseñan de los errores. El tango *Suerte loca*,[382] de García Jiménez, construye un sistema en esta dirección. El autor confecciona un manifiesto estructurado en base a metáforas referidas al juego de naipes en las que se hace explícita la posibilidad del aprendizaje. La letra de este tango muestra la ilusión de quienes con "lindos veinte años" entran a jugar confiados "en la ceguera del azar". El narrador confiesa: "Yo aprendí viendo trampearme", y varios versos más adelante, asegura: "Y luego vi que todo era mentir". Y propone a los más jóvenes: "No me envidies si me ves acertador, / pues soy el desengaño... / Y si ciego así perdés, / es que tenés lindos veinte años".[383]

La jerga de los juegos de naipes para referirse a la vida y sus avatares se repite en varias letras. Lo que la vida depara se vincula con las cartas que se reparten sobre la mesa. Y la destreza en los juegos se hace análoga a las destrezas en la vida misma. El tango *Tengo miedo*,[384] de Celedonio Flores, estructura la narración en torno al juego siete y medio (modo de apuesta muy similar al *Black Jack* en el que en lugar de sumar veintiuno con las cartas hay que sumar siete y medio). Allí, el autor abre el tango diciendo: "En la timba de la vida me planté con siete y medio, / siendo la única parada de la vida que acerté; / yo ya estaba en la pendiente de la ruina sin remedio, / pero un día dije: 'planto' y ese día me planté". La ley de la vida, que combina algo de suerte con el arte de saber jugar, se asimila a la ley

---

[382] *Suerte loca*. Letra: García Jiménez. Música: Anselmo Aieta (1924). En Aieta, Anselmo. *Buenos Aires y su música*, Buenos Aires, Record, 1973. Número de Inventario: PA185202.
[383] Ibíd.
[384] *Tengo miedo*. Letra: Celedonio Flores. Música: Aguilar, José María (1928). En Flores, Celedonio. *Cuando pasa el organito*, Buenos Aires, Freeland, 1965.

del escolaso.[385] Así lo muestra el tango *Escolaso* de García Jiménez: "Y pensar que condenado / por la ley del escolaso, / juego igual...! Si el mismo / mazo me lo tiran otra vez".[386] Si la vida es como la timba, no siempre se sale ganando, ni en el juego, ni en el amor. Como en el tango *Compadrón*[387] de Enrique Cadícamo, las poéticas del tango del período aparecen como narrativas del fracaso: "En la timba de la vida / sos un punto sin arrastre / sobre el naipe salidor, / y en la cancha de este mundo / sos un débil pal' biabazo, / el chamuyo y el amor".

El ritual de reunirse en torno a "la carpeta" se describe en el tango *De salto y carta*[388]: "Alrededor de la mesa / lista está la muchachada, / palpitando su parada / cada cual con su ilusión. / Y entre el humo de los puchos / se van jugando sus dichas, / y el ruidito de las fichas / les golpea el corazón". ¿Dónde se reunían a jugar a las cartas? Corrientes y Esmeralda son señaladas en un tango homónimo de Celedonio Flores como las calles de una "esquina porteña" en la que se "hace una melange de caña, gin fizz, / pase inglés y monte, bacará y quiniela / cuerdelas de grapa y locas de pris".[389] Los juegos de cartas por dinero y los tragos se combinan en aquella esquina que tenía una ubicación estratégica. Esa esquina "rea" a la que le canta

---

[385] Escolaso: juego de azar. (lunfardo) Toda clase y categoría de timba. En Escobar, Raúl. *Diccionario lunfardo del hampa y el delito*, Buenos Aires, Distal, 2004.

[386] Si bien este tango se inscribe dentro de un nuevo período del tango (en 1953), con nuevas poéticas, hemos decidido citarlo por la referencia directa al tema. *Escolaso*. Letra: Francisco García Jiménez. Música: Anselmo Aieta.

[387] *Compadrón*. Letra: Cadícamo, Enrique. Música: Visca, Luis. Impreso por: Julio Korn. S.d. (1927). Número de Inventario: PA218892.

[388] *De salto y carta*. Letra: De Cicco, José. Música: Alberto Acuña. Impreso por: Américo A. Vivona. 1942. Número de Inventario: PA187123.

[389] *Corrientes y Esmeralda*. Letra: Flores, Celedonio. Música: Pracánico, Francisco. Impreso por: Alfredo Perrotti. 1922. Número de Inventario: PA017140.

parece haber sido un lugar clave de juego y de reunión. La letra de *Corrientes y Esmeralda*[390] señala la cercanía de aquella esquina con el teatro Odeón. La letra señala también la proximidad "de Esmeralda al norte, del lado de Retiro," con "las franchutas papusas" y sus bulines. Por sus ochavas desfilaron "guapos", "cajetillas" y "papotas bravas".[391] Por allí se pasaba a la salida del teatro y jugaba quien "espera el tranvía para su arrabal".

2. La ciudad del conflicto: el juego y el suburbio

2.1. Del otro lado del puente[392]

Con la sanción de la Ley de Represión del Juego de 1902, el juego ilegal será expulsado de Buenos Aires y las apuestas clandestinas encontrarán en Avellaneda su lugar más próximo a la Capital. La presente ley volvía ilegal "ofrecer sumas de dinero, cualquiera sea su cantidad", en "calles, plazas, caminos o lugares públicos de la Capital",[393] y modificaba la morfología geográfica de la ciudad hacia

---

[390] *Corrientes y Esmeralda.* Letra: Flores, Celedonio. Música: Pracánico, Francisco. Impreso por: Alfredo Perrotti. 1922. Número de Inventario: PA017140.

[391] *Corrientes y Esmeralda.* Letra: Flores, Celedonio. Música: Pracánico, Francisco. Impreso por: Alfredo Perrotti. 1922. Número de Inventario: PA017140.

[392] *Del otro lado del puente.* Película dirigida por Carlos Rinaldi y producida por los Estudios Baires en 1953, que se ubica en los primeros años treinta en Avellaneda. Sobre un argumento original de Alfredo Ruonova y un guión de Eduardo Borras, el primer cuadro se abre sobre un enorme puente forjado en hierro y el epílogo de una voz en *off*: "Al sur de Buenos Aires, del otro lado del puente, Avellaneda, corazón industrial y fabril de la gran Metrópoli. Hace mucho Avellaneda tenía dos caras, dos vidas: de día el trabajo fecundo, de noche el delito y el crimen con toda su infamia. Luz y sombra se libraron en un áspero combate y la luz prevaleció".

[393] Ley N.º 4097.

adentro y hacia afuera. La Ley de Represión del Juego ubica los juegos de cartas por dinero en el interior de los clubes privados y las asociaciones con personería jurídica con acceso restringido a los socios, y llevará las apuestas –ilegales– fuera de los límites de la ciudad. De acuerdo a lo estudiado por Adrián Pignatelli (2005a), cuando la Policía comenzó a perseguir el juego ilegal, la mayoría de las timbas se corrieron hacia Avellaneda en busca de impunidad, porque allí era más fácil arreglar con los políticos de turno. Las primeras bancas del juego prohibido funcionaron en algunos teatros veraniegos de la isla Maciel, en los salones ubicados en los altos del teatro Rivadavia, en los alrededores de la fábrica de Campomar y más tarde del Frigorífico Argentino de Avellaneda.

Las novedades tecnológicas refuerzan la ampliación de las distancias de las apuestas clandestinas: a finales de los años veinte, las carreras de los hipódromos se transmiten por teléfono, y sobre esas trasmisiones, se realizaban apuestas ilegales. Los apostadores, altavoces mediante, escuchaban en directo el relato de un observador que seguía la pista con sofisticados telescopios alemanes comprados para la ocasión (Pignatelli, 2005b). Los hipódromos de Palermo, San Martín y La Plata serán puntos nodales de la rápida transmisión de la información que permitía organizar apuestas desde el corazón de Avellaneda. En los días de carreras, se colgaba en la puerta del comité conservador de la calle Pavón 252 un letrero que anunciaba: "Hoy-escolaso-Hoy".

En las décadas del veinte y del treinta, el manejo del juego ilegal en Avellaneda tendrá una relación directa con el mundo de la política. El partido conservador de Avellaneda se convertirá en el centro de las apuestas ilegales de zona sur. Las figuras de Ruggierito y Barceló fueron centrales en el usufructo del juego clandestino del período. Pignatelli (2005b) ha demostrado que los juegos más explotados en el comité de Ruggierto de la calle Pavón eran los juegos de naipes: la lira, la peca, el monte,[394] el trencito, la mosqueta,[395] la tapada, el póker, el siete y medio y el pase inglés.

Gustavo Germán González –periodista estrella de *Crítica*– se detiene en el mundo del juego clandestino y cuenta la historia de Juan Ruggierito y su enemigo Julio Valea. A principios de la década del setenta, la editorial Austral publica una serie en tres tomos en la que se reúnen las crónicas policiales que Gustavo Germán González divulgó en el diario *Crítica* durante las décadas del veinte y del treinta.[396] El relato se estructura en torno de una anécdota en la que el cronista es convocado por Julio Valea, al Hotel Castelar, para oficiar de mediador:

> No quiero más tiros. Tengo plata suficiente para que la policía no me moleste. Usted lo conoce bien a Ruggiero. Interceda y haremos la paz. Que los de su banda no vengan a la Capital y los míos no cruzarán el puente. Al día siguiente, "como lo hacía habitualmente", el cronista visita al Jefe de Investigaciones de la Policía de la Capital, Eduardo Santiago, para describir la entrevista con Valea: "Se puede arreglar. Para la semana que viene los juntaremos aquí, en mi despacho, a los dos y trataremos de que se firme la paz".[397]

---

[394] El monte era un juego de naipes donde más allá del azar el fuerte era apostar, además de los tantos ordinarios, cierta cantidad a un lance o suerte". Pignatelli, Adrián. "Ruggierito. Política sucia en tiempos violentos", en *Todo es Historia*, núm. 456, Buenos Aires, julio de 2005.

[395] "La mosqueta se jugaba con tres naipes, uno de os cuales estaba marcado por el grupo o el ayudante del estafador en una fingida distracción e este". Pignatelli, Adrián. "Ruggierito. Política sucia en tiempos violentos, en *Todo es Historia*, núm. 456, Buenos Aires, julio de 2005.

[396] Los títulos completos de la saga son: González, Gustavo Germán. *55 años entre policías y delincuentes. Crónicas de El Hampa Porteña*, tomos 1 y 2, Buenos Aires, Prensa Austral, 1971; Navarro, Alberto (ed.). *La antología más completa del delito. Para que nadie pueda ser burlado. Crónicas de El Hampa Porteña*, tomo 3, Buenos Aires, Prensa Austral, 1972.

[397] González, Gustavo Germán. "Los guapos más famosos del hampa porteña. Ruggierito y el Gallego Julio eran guapos de cartón", *55 años entre*

Gustavo Germán González elabora una imagen contrapuesta de ambos guapos. La imagen de Julio Valea es articulada desde ciertos elementos del discurso criollista presentes en el esquema dramático de *Juan Moreria* y *El gaucho Martín Fierro*: su iniciación en el camino del crimen y la correlativa pérdida del sentimiento de integración social donde se enfatiza la entereza del héroe, su coraje, su dignidad y su amor por la libertad:[398]

> En el fondo había sido un buen hombre al que circunstancias ajenas a su voluntad, le habían dado la imagen y posición de malevo. Había llegado de España siendo un muchacho para escaparle a la conscripción: era la época en que en cada cuadra había dos casas de prostitución y tres cafetines donde abundaban las mujeres. Una se entusiasmó conmigo y dejó a su canfinflero. No había pensado nunca en vivir de las mujeres, agregó. Pero apareció el otro y lo desafió a pelear. Era más grande y gozaba de fama de guapo. Julio se defendió con su navaja Sevillana y le hizo un tajo en la cara. El guapo escapó. Y desde ese momento en todos los piringundines del bajo se supo que había un guapo bueno con la sevillana que se llamaba "El Gallego Julio". Así Valea, fue obligado por las circunstancias a ser hombre de avería. Pero, agregó con tristeza, nadie sabe lo pesado que es sentar fama de guapo en el ambiente del Hampa porteña. Todos querían pelearme para lucirse. Tuve que rodearme de hombres peligrosos. Y así hemos llegado a esta situación que ha costado muchas vidas que se han tronchado a puro gustoso había necesidad de tantas muertes.[399]

---

  policías y delincuentes. Crónicas de El Hampa Porteña, tomo 2, Buenos Aires, Prensa Austral, 1971, pp. 54-66.
[398] Ver Prieto, Adolfo, *El discurso criollista en la formación de la Argentina moderna*, Buenos Aires, Siglo XXI, 2006, p. 90.
[399] González, Gustavo Germán, "Los guapos más famosos del hampa porteña. Ruggierito y el Gallego Julio eran guapos de cartón", *55 años entre policías y delincuentes. Crónicas de El Hampa Porteña*, tomo 2, Buenos Aires, Prensa Austral, 1971, pp. 54-66.

El retrato delictivo de Ruggierito se compone principalmente de elementos que lo vinculan al juego clandestino organizado: "Copó todo el juego, había agencias de quiniela por todas partes. Hasta en ventanas de casas particulares aparecía el letrerito que decía: hoy se juega"; "había instalado en la Avenida Pavón un comité que era un garito. Desde la Capital y las localidades de la zona llegaban los 'puntos' en cantidad, que rodeaban las mesas de juego y ganaban o perdían según su suerte pero se sabe que enero a enero..."; "Ruggiero cuidaba su timba".[400]

Ruggierito aparece como "hombre de confianza del caudillo conservador indiscutido de Avellaneda, Don Alerto Barceló" y es quien "daba la cara" ante la serie de prácticas desarrolladas por Barceló en Avellaneda: "Pagaba entierros, atención de médicos, recomendaba buen trato en los hospitales, ayudaba a viudas y sacaba de apuros a desalojados". En palabras de González, los hombres dirigidos por Ruggierito vivían bien por combinar, de manera novedosa, sueldos municipales con su actuación en garitos, agencias de quiniela y caballos. La vinculación política de Valea con el radicalismo nunca es explicitada por González en su crónica. Sin embargo, se enuncia que la rivalidad de ambos jefes tendría su origen en que "un buen día apareció el Gallego Julio, también rodeado por hombres de acción y protegido por políticos instaló garitos y casa de prostitución clandestina en Avellaneda".[401]

Al parecer, todas las semanas se repetían tiroteos entre estas bandas rivales "en las que hubo muchos muertos y heridos". González recompone, en su crónica, una situación excepcional en la que estos hombres se enfrentan personalmente en la esquina de Piedras y Avenida de Mayo disparando todas las balas de sus pistolas y consiguiendo

---
[400] *Ibíd*, p. 60.
[401] *Ibíd*, p. 55.

solo romper una lámpara de alumbrado y el cristal de una vidriera. El día de su muerte, Julio Valea tenía prohibida la entrada al hipódromo de Palermo, y por ello se encontraba observando con prismáticos desde el techo de su auto correr a su caballo Invernal cuando "alguien lo acribilló a tiros por la espalda". Si bien el asesinato se atribuyó a la gente de Ruggiero, González desconfía de esta hipótesis y establece que "en realidad fue un lío entre la gente del turf, acostumbrada, como hasta hace poco ocurría con el contrabandista Cacho Otero a preparar carreras que son ganadas por los caballos que indican los mafiosos". Ruggiero, de acuerdo a González, muere "una tarde cuando salía de visitar a una mujer en Avellaneda y fue 'acribillado a balazos' por dos motivos posibles: 'la venganza de un marido engañado' o que 'se había agrandado su figura política hasta llegar a hacer sombra al caudillo máximo Don Alberto Barceló'".[402]

Los motivos de la muerte de ambos personajes "acribillados a balazos" dan cuenta de dos mundos de significaciones superpuestas. Si el acribillar es una práctica orillera que remite al mundo de los guapos, los balazos configuran una renovación de las tecnologías delictivas que, en el relato de González, cuyo marco es Avellaneda, se entrelazan.

2.2. Gánsteres porteños en *Caras y Caretas*

El mundo del juego se asocia desde entonces al mundo del delito que vive en las puertas de la ciudad. Como ha señalado Lila Caimari (2007), a fines de los años veinte y principios de los treinta, las modalidades delictivas se modifican de manera general como consecuencia de una serie de innovaciones tecnológicas de las que el uso de la velocidad cinética del automóvil y la aceleración mecánica de las

---

[402] *Ibíd*, p. 63.

armas de fuego automáticas (en especial, la ametralladora) serán los elementos paradigmáticos. La autora propone rastrear los significantes de la ansiedad y desconfianza de la denominada "ola delictiva" de la época en la renovada economía preformativa que otorgará a los asaltantes, y sus apariciones públicas a plena luz del día, una serie de elementos escénicos de singular espectacularidad. Las bandas de expropiadores anarquistas comandadas por Severino Di Giovanni y Paulino Scarfó renovarán las modulaciones de secuestros y robos a entidades bancarias "del centro" con una racionalidad y un nivel de profesionalismo poco habitual. La destreza de los conductores de los autos en los que los asaltantes se daban a la fuga y la expansión de la red de carreteras también aparecen como elementos centrales de la escenificación delictiva del período en la medida en que el núcleo de las prácticas ilegales y redes criminales se desplaza a las afueras de la ciudad. El "Gran Buenos Aires" será el espacio desde el que el nuevo delito planeará la irrupción en las respetables calles de la ciudad para luego regresar a un suburbio de difícil gestión estatal y siempre dudoso cumplimiento de la ley.

Estos profesionales del delito bien trajeados, organizados en bandas, que tienen acceso a la última tecnología en armas, automóviles y comunicación, que se fugan "al gran Buenos Aires" no tienen lugar en las poéticas tangueras. Como ha sido estudiado por Gorelik (2004), el suburbio de los tangos es esa resolución paradójica al dilema entre modernidad y tradición que ubica la quietud de un paisaje en los bordes de la ciudad tradicional en un momento de modernización vertiginosa. El suburbio de los tangos está en sintonía con la definición del clasismo de Borges (en *Evaristo Carriego*) y la primera serie de las fotografía de Coppola que retratan un suburbio de carros, hileras de árboles, atardeceres y guapos enfrentados en una esquina. Y lo notable es que los tangos, como un amplio sector de las vanguardias de los años veinte, instalan esas aspiraciones estáticas en el suburbio, la región más dinámica y conflictiva de la ciudad, "más resistida a ser incluida en la imagen de *la ciudad* por los sectores tradicionales".[403] Los tangos de los años veinte y treinta se ubican en el plano de la memoria nostálgica, de la interpretación quiromántica de lo real propia del clasismo-criollo.[404]

No serán las poéticas tangueras, sino las narrativas de la prensa, las que harán de las renovadas modalidades delictivas del suburbio un descubrimiento. De acuerdo a la perspectiva de Lila Caimiari (2007), en los años treinta, la prensa porteña abandona la crónica roja para ceder ante las renovadas formas culturales de las industrias estadounidenses del entretenimiento. La vertiginosa mundialización del cine y –con él– de la cultura estadounidense marcó una moda fulminante y organizó los modelos sociales de representación. En efecto, para 1930, el 90% de las proyecciones de los cines porteños era de origen norteamericano.[405] A fines de los años veinte, el cine sonoro vuelve verosímiles los disparos y se consolida el cine de gánsteres. El estreno en las salas porteñas de una serie de films de gánsteres, entre los que se destacan *Scarface*, *El enemigo público* y *Pequeño César*, también adquiere un auge de popularidad

---

[403] Gorelik, Adrián. "Imágenes para un fundación mitológica. Apuntes sobre las fotografías de Horacio Coppola", *Miradas sobre Buenos Aires. Historia, cultura y crítica urbana*, Buenos Aires, Siglo XXI, 2004, pp. 96-111.

[404] "La imaginación quiromántica procede de la búsqueda por recuperar 'claves antiguas' de interpretación de lo real": tomamos la expresión del texto de Gorelik, Adrián. "Mapas de identidad", *Miradas sobre Buenos Aires. Historia, cultura y crítica urbana*, Buenos Aires, Siglo XXI, 2004. pp. 17-68.

[405] Caimairi, Lila. "Sucesos de cinematográficos aspectos. Secuestro y espectáculo en el Buenos Aires de los años treinta", en Caimari, Lila (comp.), *La ley de los profanos. Delito, justicia y cultura en Buenos Aires (1870-1940)*, Buenos Aires, Fondo de Cultura Económica, 2007.

entre los espectadores porteños y los reportes del período. El periodismo porteño de principios de los años treinta se fue apropiando del concepto de gánster para organizar una serie de fenómenos delictivos suburbanos de diversas características bajo el prisma de las representaciones ficcionales del cine norteamericano. Tal vez los moldes narrativos propuestos por el cine de gánsteres estuvieran, para la prensa del período, más a la mano que el complejo entramado de realidades del universo denso y extendido del Gran Buenos Aires sobre el que poco se conocía.

El mundo del juego ilegal, ubicado en Avellaneda, será un núcleo de interés del periodismo de los años treinta, y sus hampones serán directamente puestos en relación con el imaginario del cine de gánsteres. En este contexto, el *magazine* ilustrado *Caras y Caretas* publica, en 1936, un especial del periodista Eros Nicola Siri titulado "Al igual que los gángsters de Chicago las bandas porteñas dirimen a balazos la supremacía en el juego",[406] que aquí se retoma por realizar de manera exhaustiva una operación muy común en el período.

Nada tiene que envidiarle Buenos Aires a la ciudad de Chicago: "Como en las grandes ciudades americanas aquí las bandas rivales rubricaron con sangre sus odios y rencillas ensangrentando las calles, ultimando a jefes y capos en aviesazas emboscadas". La estrategia de similitudes construida por Nicola Siri articula una clave de lectura tan negativa como espectacular: "Nada debíamos de admirarnos de lo que pasaba en el país del norte, puesto que en las puertas de Buenos Aires se organizan matanzas de hombres integrantes de bandas rivales que operaban en la Capital y en la temible Avellaneda". La comparación

---

[406] Siri, Eros Nicola. "Al igual que los gángsters de Chicago las bandas porteñas dirimen a balazos la supremacía en el juego", *Caras y Caretas*, Buenos Aires, 21 de marzo de 1936, pp. 170-176.

se establece también a partir de las diferencias: "Allá tronaban las ametralladoras; aquí las calibre 45 [...]. No, con el negocio de contrabando sino con el juego clandestino y fullero". El juego ilegal será así, en el contexto local, el equivalente a la venta prohibida de alcohol de los veinte en Estados Unidos, y que "ha dado a las bandas porteñas un alma veleidosa y fugaz que por momentos se vistió con el brillante ropaje de la fortuna".[407]

El mito se elabora sobre una anécdota en la que el Ñato Rey –amigo íntimo de Ruggierito– se encontraba jugando a los naipes en el lujoso departamento de Julio Valea ubicado en la calle Tucumán. De acuerdo al relato, Valea había tomado unas copas de más e intentó descargar toda su ira de perdedor contra un niño que trabajaba en el departamento. Ante esta situación, el Ñato Rey se opuso a Valea y lo obligó a salir a la calle desplegando "un cinematográfico tiroteo" que llamó la atención de varios civiles que a esa hora salían de los cines y teatros del centro. Si bien ninguno de los hombres enfrentados fue herido esa noche, el Ñato Rey fue asesinado a balazos algunos días después sin que los agresores fueran identificados. Para el cronista Nicola Siri, este será el primer paso de una rueda de *vendettas* que se reforzó con el asesinato del tío de Ruggierito "en una emboscada que le tendieron una tarde cuando regresaba del hipódromo de La Plata".[408]

---

[407] Ibíd., p. 173.
[408] Ibíd., p. 172.

Imagen 13. "Al igual que los gángsters de Chicago las bandas porteñas dirimen a balazos la supremacía en el juego" (1936)

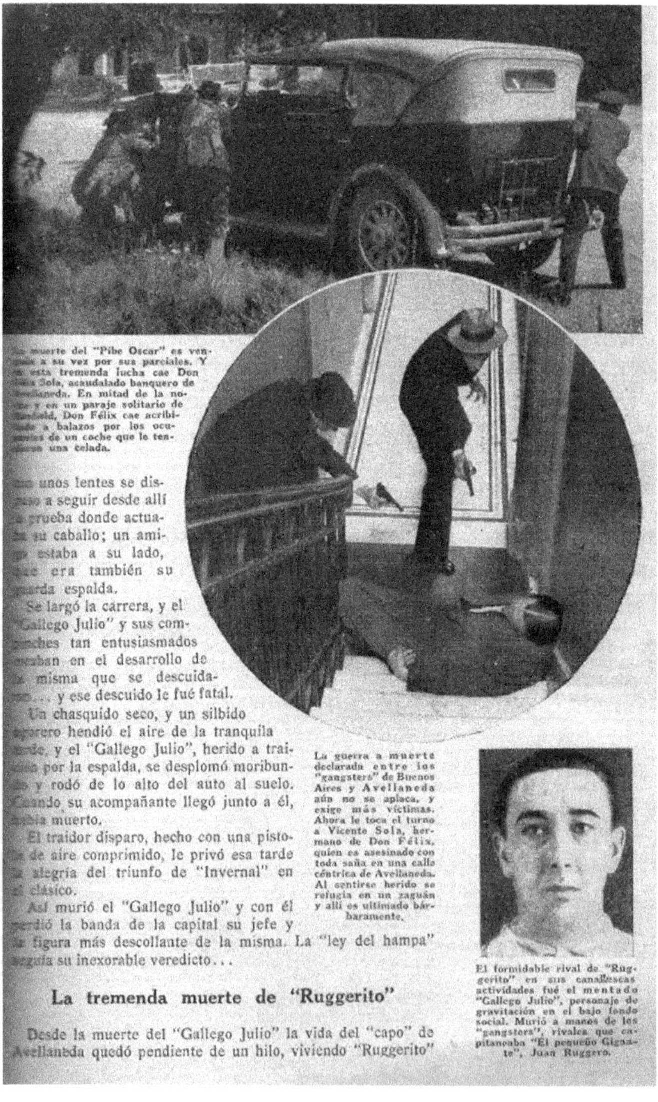

Las muertes del Julio Valea primero, de Ruggierito años después, del Pibe Oscar y de Vicente y Felipe Sola, son para el autor un encadenamiento de esos actos de venganza: "Ojo por ojo diente por diente: la ley de talión aplicada en el hampa con fría crueldad". Así, la muerte de Julio Valea, "que poseía varios caballos de carrera que corrían en diferentes circos" y "fue herido a traición por la espalda", "cayendo moribundo al suelo", debe ser leída como un acto de venganza de su rival Ruggierito. Desde la muerte del Valea, la vida de Ruggierito "pendía de un hilo", y así:

> El 21 de Octubre de 1933 el capo de Avellaneda había estado en el hipódromo de La Plata con varios amigos. Al regreso de las carreras llegó a su casa de Avellaneda donde se cambió de traje y luego tomó su auto para ir en busca de una amiga en la calle Dorrego, de Crucecita; lo acompañaba el chofer y Héctor Moretti hermano de los tristemente célebres pistoleros Moretti. Una vez llegados a Crucecita Ruggierito y Moretti penetraron en la casa de la amiga del primero y al poco rato regresaron en compañía de la misma. Cuando el "pequeño gigante" se disponía a subir al auto nuevamente un hombre que había estado apostado hasta entonces se le acerca y con toda la sangre fría extrae una pistola 45 se le acerca a escasos centímetros de la nuca de Ruggero y hace un disparo, tan solo un mortal disparo. La víctima cae con la cabeza destrozada por una bala dum dum. El agresor no le ha tirado al cuerpo porque sabe que una malla de acero lo hacía invulnerable.[409]

De acuerdo a la lógica relacional articulada por el autor, la muerte de Ruggierito significó un nuevo reacomodamiento en el liderazgo del manejo del juego: "Como en Chicago cuando un jefe caía otro ocupaba su lugar, aquí sucedía lo mismo; por eso al poco tiempo de la muerte de Ruggierito ocupaba su lugar, el más alto sitial del juego, un tal Oscar Peledo, más conocido con el mote de 'El pibe

---

[409] Ibíd., p. 174.

Oscar". Este personaje actuaba en el silencio del dominio del juego del Dock Sud y la Isla Maciel donde 'ganaba de 15 a 20 mil pesos por jugada'". Era considerado el diplomático del hampa, a pesar de estar en rivalidad geográfica con los Sola. El Pibe Oscar soñaba con ser el amo de Avellaneda, pero había permanecido sigiloso e ignorado en su dominio de Dock Sud hasta la muerte de Ruggierito: "Empero su reinado fue efímero. Una noche al salir del Club encuentra que su auto tiene las ruedas pinchadas y al disponerse a cambiarlas es herido con tres puñaladas en el pulmón. El pibe Oscar como todos los jefes del hampa era un valiente, persigue al agresor y consigue descargar su arma sobre el mismo que a pesar de estar mal herido huye amparado por las sombras de la noche". El Pibe Oscar muere al día siguiente en el hospital y "sus amigos señalan a sus asesinos. Eran los que ambicionaban copar el feudo del muerto".[410]

Para el autor, la cadena de venganzas entre los capos del juego, iniciada por aquel torpe accionar de Valea que lo enfrentaba al Ñato Rey y así a Ruggierito, concluirá con la muerte de los hermanos Sola: "La ley del hampa no estuvo satisfecha hasta dar muerte a estos hombres que aunque se vinculaban al juego no por eso habían perdido su condición de bien". La descripción desarrollada por el periodista sobre los Sola parece diferenciarlos del resto de los capos del juego:

> Don Felipe Sola se había dedicado a los negocios del juego y le había ido tan bien que al poco tiempo era una persona de respetable situación económica y de una indiscutida reputación a lo que se sumaba un carácter afable y siempre dispuesto a hablar bien de los demás. Por este motivo, Don Felipe Sola era odiado por el resto de sus rivales del juego. Una mañana recibió un billetito en el que se le indicaba que entregara la suma de $ 10.000 bajo amenaza de muerte.

---

[410] Ibíd., p. 174.

Luego de consultarlo con su hermano Vicente y con su hijo Florencio, Felipe decidió llevar el dinero a la Avenida Maipú y Pueyrredón donde lo aguardaba un auto en marcha con las luces apagadas. Cuando Felipe y su hijo se disponían a entregar el dinero fueron atacados por una ametralladora descargada desde el auto a la espera. Si bien Florencio logró salvarse Felipe Solá murió al instante. Quince días después de la muerte del "Pibe Oscar" es asesinado también el hermano de don Felipe: Vicente Solá. El sábado 20 de Octubre de 1934 Vicente Solá salía de visitar a su primo Benigno y caminaba tranquilamente por las calles de Avellaneda, eran las siete y media de la tarde y no estaba armado. Dos hombres lo detienen en la esquina para preguntarle si se encontraba Don Beningno y luego de una respuesta afirmativa "simultáneamente los sujetos desenfundan sendas pistolas y con cobarde alevosía lo acribillan a tiros".[411]

Con este asesinato, el hampa cierra un ciclo de continuidad "de la trágica contienda declarada entre los reyes del hampa que se han liquidado a balazos como los gángsters de Chicago".[412] Cada una de las muertes que el autor describe es acompañada con una fotografía que ilustra una serie de pistoleros portando armas y apoyados en sus lustrados coches. Dentro de las prolijas reproducciones fotográficas, se puede distinguir una serie de escenografías bien definidas y bien iluminadas que permiten hacer visualmente impecable el recorrido del texto: una calle, el techo de una casa, el interior de una habitación al borde de una escalera. Como figuras diseñadas para la ocasión, los pistoleros retratados apuntan sus armas o levantan las manos en un encuadre perfecto. El modelo de relaciones establecidas entre el juego clandestino en Buenos Aires y el universo de referencia de los gánsteres de Chicago también parecen otorgar al relato de Eros Nicola Siri una especta-

---

[411] Ibíd., p. 175.
[412] Ibíd., p. 176.

cularidad demasiado perfecta: propia de las convenciones de género. Así, el relato sobre el juego en el suburbio se asocia en la prensa a las renovadas modalidades delictivas, y los modelos de masculinidad urbana se estilizan (trajes, racionalidad, profesionalismo), se tecnifican (utilizan autos, ametralladoras y teléfonos) y se superponen con la mitología del tango para devenir, cinética y cinematográficamente, en gánsteres.

Apuestas finales

Las luces de la gran ciudad

Esta es una de las tantas historias sobre el proceso de modernización de la ciudad de Buenos Aires. Comienza en 1900, cuando la ciudad ya cuenta con la fisionomía definitiva que había adquirido en 1887 con la incorporación a su perímetro de los partidos San José de Flores y Belgrano. De acuerdo al censo de 1887, la superficie de Buenos Aires llegaba entonces a dieciocho mil hectáreas de una gran extensión donde "hay mucho terreno baldío pero que al paso que van los edificios y las diversas fábricas que se establecen todos los días muy pronto desaparecerán los vacíos que hoy se notan".[413] La circulación de pasajeros por la ciudad ya era entonces inminente: nueve compañías de tranvías transportaban un total de 56.141.462 pasajeros anuales en 396 coches en servicio; cinco compañías ferroviarias transportaban 6.478. 377 pasajeros por año; y la ciudad contaba con 4.291 carruajes para particulares y 8.471 vehículos para el transporte de mercaderías.[414]

---

[413] *Censo General de Población, Edificación, Comercio é Industrias de la Ciudad de Buenos Aires, Capital Federal de la República Argentina: levantado en los días 17 de agosto, 15 y 30 de setiembre de 1887*, tomo I, Buenos Aires, Compañía Sud-Americana de Billetes de Banco, 1889, p. 51.

[414] *Anuario Estadístico de la Ciudad de Buenos Aires, 1891*, Buenos Aires, Compañía Sud-Americana de Billetes de Banco, 1892, pp. 228-234.

En el cambio de siglo, la ciudad ostentaba un alumbrado público de 4.084 faroles a gas, 8.590 faroles a kerosene y un total aproximado de 660 lámparas eléctricas.[415] Cerca de 1887, se había instalado la primera usina para proveer de alumbrado eléctrico particular a un pequeño lote situado frente a la Catedral, por la calle San Martín entre Rivadavia y Mitre, servicio que luego se amplió, por permiso municipal, al alumbrado público de la calle Florida.[416] Comparada con la temprana implementación del alumbrado público eléctrico de las vecinas ciudades de La Plata (1883) y Montevideo (1884), en la ciudad de Buenos Aires este proceso convivió largo tiempo con un sistema mixto de iluminación provisto por faroles a gas, a kerosene y a alcohol carburado, siendo apagado el último en marzo de 1931.[417] El alumbrado particular en la ciudad lo proveían tres compañías con un total de 59.626 medidores, un consumo en el año en metros cúbicos de 26.573.502, y un costo de servicios de 5.649.743,65 pesos moneda nacional. Buenos Aires se acercaba así a la utopía de la ciudad iluminada, cuyo modelo era la *Ville Lumière* de París, transformando los imaginarios referidos a la oscuridad y reelaborando la relación entre la sociabilidad y la caída del sol.[418]

---

[415] *Anuario Estadístico de la Ciudad de Buenos Aires, 1900*, Buenos Aires, Compañía Sud-Americana de Billetes de Banco, 1901, p. 296.

[416] Vergara, Raúl. *Historia del alumbrado público de la Ciudad de Buenos Aires*, Buenos Aires, Imprenta Biaoco, 1946, pp. 1-31.

[417] Para una historia del alumbrado en Buenos Aires, ver Liernur, Jorge Francisco y Silvestri, Graciela. "El torbellino de la electrificación", en Liernur, Jorge y Silvestri, Graciela (eds.), *El umbral de la metrópolis. Transformaciones técnicas y cultura en la modernización de Buenos Aires*, Buenos Aires, Editorial Sudamericana, 1993, pp. 9-96. Rosa, José María. *Pequeña historia de la electricidad en nuestro país*, Folleto, Rosario, Imprenta del Sindicato de Luz y Fuerza de Santa Fe, 1937.

[418] Para un análisis del impacto de la iluminación en el imaginario urbano, ver Wolfanga Schilvestbush. "The Street", *Disenchanted Night. The Industrialization of Light in the Nienteenth Century*, Berkeley, University of California Press, 1995, pp. 79-134.

En palabras del viajero francés Daireaux –en 1887–, podía verse que la calle Florida era una pasarela de paseantes y transeúntes cuyo "desfile empieza a las siete de la tarde y sólo tiene lugar durante las noches cálidas".[419] Convivían en la calle Florida recintos de *dandies* porteños, como la confitería El Águila, la librería Europea, el Jockey Club y el Teatro Nacional, con expresiones populares y extravagantes como Calendario y Tartabul, y con el Jardín Florida donde se gestó el movimiento revolucionario radical del noventa.[420] La calle Corrientes también participaba de una notable evolución: "El nuevo pulso de la ciudad bate precipitadamente en ella; y desde entonces la que fue calle dormida no tiene reposo, entregada a una duplicidad de existencia, la de los hombres diurnos y la de las almas nocturnas".[421] Allí se encontraba el Royal Keller, punto elegante de reunión y olimpo de los literatos finiseculares. En 1886, Roberto Cano emprendió la reconstrucción del teatro Ópera, que sería finalmente inaugurado en 1889: tenía capacidad para dos mil personas y ostentaba la novedad de la iluminación eléctrica. Varios años antes, sobre la base de un circo ecuestre, se había construido e inaugurado en la misma calle el Politeama teatro, predilecto de la sociedad porteña: "Fácil es imaginar la ola de distinción y de lujo que estos dos teatros atrajeron sobre la calle Corrientes: noches de gala en el Politeama Argentino, con Adelina Patti, a veinte pesos la platea; desfile de carruajes bien encharolados, cuyos trancos enardecidos arrancaban chispas al empedrado; el descenso de las damas y los caballeros, con sus elegantes

---

[419] Daireaux, Emilio. *Vida y costumbre en el Plata*, Buenos Aires, F. Lajoune, 1888.
[420] Llanes, Ricardo. *Historia de la calle Florida*, Buenos Aires, Honorable Sala de Representantes, 1976; Lanuza, José, *Pequeña historia de la calle Florida*, Buenos Aires, Municipalidad de la Ciudad, 1947.
[421] Marechal, Leopoldo. *Historia de la calle Corrientes*, Buenos Aires, Paidós, 1967, p. 84.

y características *tenues* de noche entre un grupo de gente mirona y encandilada".[422] En efecto, para 1900 la ciudad de Buenos Aires tenía un millón y medio de concurrentes entre teatros y principales lugares de diversión.[423]

Al auge de los teatros, sucede el de los cafés *ouverts la nuit*, complemento necesario de la vida nocturna. Doscientos son los cafés esparcidos por la ciudad, principalmente concentrados en la Sección 1ª de acuerdo al Censo Municipal de 1887: "Son muy pocos los que no tienen mesas de billar –de 2 á 10 generalmente– habiendo algunos que poseen 18, 24 y hasta 40 mesas de billar, las que abiertas de 7 a 12 de la noche están siempre ocupadas, salvo algunas noches de calor. En los festivos, los billares están ocupados todas las horas del día y las indicadas de la noche. Todos los cafés cobran por el uso de los billares 40 centavos en moneda nacional por la hora de día y 50 centavos por la hora de noche".[424]

A los cafés con y sin billar, deben sumarse los 230 despachos de bebidas y las 600 casas en las que se sirve comida y que "permanecen repletas de parroquianos y transeúntes". Las más lujosas son 126 y se designan con el nombre de restaurantes o *rotisseries*, y 400 se conocen con el nombre de fondas.[425] Por una orden del día 15 de mayo

---

[422] Ibíd., p. 85.
[423] *Anuario Estadístico de la Ciudad de Buenos Aires, 1900*, Buenos Aires, Compañía Sud-Americana de Billetes de Banco, 1901, p. 284.
[424] "Cafés con y sin billar", en *Censo General de Población, Edificación, Comercio é Industrias de la Ciudad de Buenos Aires, Capital Federal de la República Argentina: levantado en los días 17 de agosto, 15 y 30 de setiembre de 1887*, tomo II, Buenos Aires, Compañía Sud-Americana de Billetes de Banco, 1889, p. 225.
[425] "Restaurants y fondas"; "Despachos de bebidas", en *Censo General de Población, Edificación, Comercio é Industrias de la Ciudad de Buenos Aires, Capital Federal de la República Argentina: levantado en los días 17 de agosto, 15 y 30 de setiembre de 1887*, tomo II, Buenos Aires, Compañía Sud-Americana de Billetes de Banco, 1889, p. 220.

de 1875, la jefatura de Policía establece que "en adelante y hasta segunda orden se permita que lo cafés y fondas puedan estar abiertos hasta la una en punto de la noche en lugar de las doce que establece la orden anterior". Todos aquellos locales que prolongaran la diversión fuera del horario pautado serían penados con una multa de 500 pesos moneda nacional. No se registran, sin embargo, fricciones relativas al horario de cierre ni se han dejado testimonio de multas cobradas a un explotador por estos motivos: los cafés y fondas permanecen abiertos "hasta altas horas de la noche". Tanto propietarios como policías son permisivos con los horarios, y los parroquianos parecen no disputar el horario de cierre.[426]

Las pautas de consumo también se vuelven más complejas con el cambio de siglo. De acuerdo al análisis de Rocchi (1999), entre 1877 y 1910 el producto bruto interno argentino se multiplicó por diez y la economía alcanzó el primer lugar en América Latina.[427] Hacia fines de siglo, una serie de bienes sufrieron una verdadera explosión de consumo: vino, fósforos, zapatos, galletitas, muebles, clavos, alpargatas, tornillos, cacerolas, dulces, alfileres, velas, cervezas, cigarrillos y ropa manufacturada inundaron el mercado. Por poner un ejemplo, en 1910 el consumo per cápita de cigarrillos era de seis veces el de los Estados Unidos. La demanda de cigarrillos superó el crecimiento demográfico de esos años y el aumento de consumo de cerveza entre 1891-1913 fue de 8 veces.[428] En la primera década del siglo XX, las grandes tiendas experimentaron

---

[426] Gayol, Sandra. "Reglamentaciones", en *Sociabilidad en Buenos Aires. Hombres, honor y cafés 1862-1910*, Buenos Aires, Ediciones del Signo, 2000, pp. 59-93.
[427] Rocchi, Fernando. "Consumir es un placer: la industria y la expansión de la demanda en Buenos Aires a la vuelta del siglo pasado", *Desarrollo Económico*, núm. 148, enero-marzo de 1998, p. 535.
[428] Ibíd., p. 537.

un crecimiento meteórico. El espacio de compras cambió de las tiendas alrededor de las iglesias a otros contextos de concentración humana que resultaban más laicos –como la céntrica Avenida de Mayo– y donde compradores podían dar rienda suelta a sus deseos sin la imagen condenatoria de la religión que sostenía la humildad.[429]

A comienzos del siglo XX, podían verse con claridad las nuevas y las viejas formas de consumo. Bienes desconocidos como los juguetes mecánicos y las bicicletas empezaron a aparecer en el mercado, y otros productos como los pomos de agua para carnaval casi desaparecieron.[430] En este ir y venir de gustos y ofertas, no faltaron cambios en las pautas de juego y en la modalidad de las apuestas.

La timba y los ritos de pasaje

La historia de la modernización de la ciudad a partir del juego permite develar el abandono de algunos rituales y la supervivencia de otros. En el ya clásico libro de Geertz sobre las riñas de gallos en Bali, el autor advertía en aquella práctica una verdadera obsesión popular y una clave reveladora sobre lo que realmente eran los balineses. En aquel texto, Geertz argumentaba que "así como buena parte del espíritu norteamericano aflora a la superficie en la canchas de pelota, campos de golf, en las carreras o alrededor de una mesa de póker, buena parte del espíritu de Bali se manifiesta en el reñidero de gallos".[431] En efecto, observar las riñas de

---

[429] Ibíd., p. 545.
[430] Rocchi, Fernando. "Inventado la soberanía del consumidor: publicidad, privacidad y revolución del mercado en Argentina, 1860-1940", en Devoto, Fernando y Madero, Marta (dirs.), *Historia de la vida privada en la Argentina. La Argentina plural: 1870-1930*, Buenos Aires, Taurus, 1999.
[431] Geertz, Clifford. "Juego profundo: notas sobre la riña de gallos en Bali", *La interpretación de las culturas*, Barcelona, Gedisa, 1988.

gallos no solo le había permitido decodificar las delicadas pautas de honor y estatus que entraban en juego en cada unas las apuestas, sino también –debido a su carácter ilegal y al verse obligado a escapar de la policía junto al resto de la aldea– formar parte de aquella comunidad.

Claro que Buenos Aires en 1900 nada tiene de Bali. En efecto, para el cambio de siglo, los discursos y las prácticas de la enérgica Sociedad Protectora de Animales habían alejado las riñas de gallos del perímetro urbano y marcaron una mutación modernizadora de la ciudad en el tratamiento de los animales que selló las últimas décadas del siglo XIX. Para entonces, la ciudad había abandonado hacía casi un siglo su antigua plaza de toros como una de las consecuencias de la Independencia y de las críticas ilustradas a los deportes "bárbaros" que quedarían asociados al mundo hispánico. En Buenos Aires, las elites irán reprimieron el pasado colonial español en búsqueda de un ambivalente camino entre la diferenciación social y la realización plena de un ideal republicano. En este camino, las corridas de toros serán reemplazadas en el gusto de los habitantes porteños por las carreras de caballos.[432]

Los dos hipódromos de la ciudad recibían, en 1900, un total de 223.600 visitantes anuales repartidos entre 91 reuniones en las que se corrían un total de 621 carreras. El Hipódromo Argentino de Palermo se constituía en el epicentro del turf y del mundo burrero, erigiéndose en un lugar de pertenencia clave para la vida de la ciudad. Desde allí parecían diluirse, todos los domingos, las diferencias sociales y las controversias ideológicas, cristalizando un complejo núcleo identitario en el corazón de Palermo.

---

[432] Myers, Jorge. "Una revolución en las costumbres: las nuevas formas de sociabilidad de la elite porteña, 1800-1860", en Madero, Marta y Devoto, Fernando, *Historia de la vida privada en la Argentina. 1. País antiguo. De la colonia a 1870*, Buenos Aires, Taurus, 1999, p. 122.

El Hipódromo Nacional del Bajo Belgrano –ubicado en Monroe y Blandengues– también era asiduamente concurrido por todos los sectores sociales hasta su cierre en 1913. La cercanía entre ambos hipódromos prolongó durante años el ambiente burrero de la zona, formando un corredor que perduró en los recorridos timberos y en la memoria narrativa de las letras de tango. Los hipódromos y su entorno no solo se trataban de instalaciones elegantes y exclusivas y de paseos suntuosos. Muy pronto, las carreras de caballos y sus apuestas se convertirán en un verdadero furor, y la búsqueda de la fija, en un arte urbano.

Con la apertura de los hipódromos de La Plata y San Martín, el circuito del turf se extendía. Las *Aguafuertes porteñas* de Roberto Arlt recorren esa ciudad ampliada que alcanza La Plata, pasa por San Martín, hace base en el hipódromo de Palermo y sigue luego hasta la ruleta del Tigre Hotel. A finales de los años veinte, las novedades tecnológicas acortaban las distancias de las apuestas: las carreras de los hipódromos se transmitían por teléfono, y sobre esas trasmisiones se realizaban apuestas ilegales. Los apostadores, altavoces mediante, escuchaban en directo el relato de un observador que seguía la pista con sofisticados telescopios alemanes comprados para la ocasión (Pignatelli, 2005b). Los hipódromos de Palermo, San Martín y La Plata eran puntos nodales de la rápida transmisión de la información que permitía organizar jugadas desde el epicentro del juego clandestino: Avellaneda.

Con la sanción de la Ley de Represión del Juego de 1902, el juego ilegal organizado había sido expulsado de Buenos Aires y las apuestas clandestinas encontraban, en Avellaneda, su lugar a las puertas de la Capital. La presente ley volvía ilegal "ofrecer sumas de dinero, cualquiera sea su cantidad", en "calles, plazas, caminos o lugares públicos de la Capital",[433] y modificaba la morfología geográfica de la ciudad hacia adentro y hacia afuera. La Ley de Represión del Juego ubicaba los juegos de cartas por dinero en el interior de los clubes privados y las asociaciones con personería jurídica con acceso restringido a los socios, y llevaba las apuestas –ilegales– fuera de los límites de la ciudad.

Como ha señalado Lila Caimari (2007), a fines de los años veinte y principios de los treinta, las modalidades delictivas se modifican de manera general como consecuencia de una serie de innovaciones tecnológicas de las que el uso de la velocidad cinética del automóvil y la aceleración mecánica de las armas de fuego automáticas (en especial, la ametralladora) fueron los elementos paradigmáticos. La destreza de los conductores de los autos en los que los asaltantes se daban a la fuga y la expansión de la red de carreteras también aparecen como elementos centrales de la escenificación delictiva del período en la medida en que el núcleo de las prácticas ilegales y redes criminales se desplazan a las afueras de la ciudad. El "Gran Buenos Aires" será el espacio desde el cual el nuevo delito planeaba la irrupción en las respetables calles de la ciudad para luego regresar a un suburbio de difícil gestión estatal y siempre dudoso cumplimiento de la ley.

Los profesionales del delito –bien trajeados, organizados en bandas, con acceso a la última tecnología en armas, automóviles y comunicación– que se fugan "al gran Buenos Aires" serán un foco de interés para la prensa del período, pero no tienen lugar en las poéticas tangueras. Como ha sido estudiado por Gorelik (2004), el suburbio de los tangos es esa resolución paradójica al dilema entre modernidad y tradición que ubica la quietud de un paisaje en los bordes de la ciudad tradicional en un momento de modernización vertiginosa. El suburbio de los tangos está en sintonía con

---

[433] Ley N.º 4097.

la definición del clasismo de Borges (en *Evaristo Carriego*) y la primera serie de las fotografía de Coppola que retratan un suburbio de carros, hileras de árboles, atardeceres y guapos enfrentados en una esquina. Y lo notable es que los tangos, como un amplio sector de las vanguardias de los años veinte, instalan esas aspiraciones estáticas en el suburbio, la región más dinámica y conflictiva de la ciudad.

No serán las poéticas tangueras, sino las narrativas de la prensa, las que harán de las renovadas modalidades delictivas del suburbio un descubrimiento. De acuerdo a la perspectiva de Lila Caimiari (2007), en los años treinta, la prensa porteña abandona la crónica roja para ceder ante las renovadas formas culturales de las industrias estadounidenses del entretenimiento. La vertiginosa mundialización del cine y –con él– de la cultura estadounidense marcó una moda fulminante y organizó los modelos sociales de representación. En efecto, para 1930, el 90% de las proyecciones de los cines porteños era de origen norteamericano.[434] A fines de los años veinte, el cine sonoro vuelve verosímiles los disparos y se consolida el cine de gánsteres. El estreno en las salas porteñas de una serie de films de gánsteres, entre los que se destacan *Scarface*, *El enemigo público* y *Pequeño César*, también adquiere un auge de popularidad entre los espectadores porteños y los reportes del período. El periodismo porteño de principios de los años treinta se fue apropiando del concepto de gánster para organizar una serie de fenómenos delictivos suburbanos de diversas características. Tal vez los moldes narrativos propuestos por el cine de gánsteres estuvieran, para la prensa del período, más a la mano que el complejo entramado de realidades

---

[434] Caimairi, Lila. "Sucesos de cinematográficos aspectos. Secuestro y espectáculo en el Buenos Aires de los años treinta", en Caimari, Lila (comp.), *La ley de los profanos. Delito, justicia y cultura en Buenos Aires (1870-1940)*, Buenos Aires, Fondo de Cultura Económica, 2007.

del universo denso y extendido del Gran Buenos Aires sobre el que poco se conocía.

Es preciso señalar que el juego ilegal resiste, en pequeñas apuestas, puertas adentro de la ciudad durante todo el período. "Las apuestas quinielas" eran jugadas que solían realizarse por dinero en los frontones de pelotas de la ciudad y que no sobrevivieron a la llegada del siglo XX. El vocablo "quiniela" persistirá en el lenguaje popular y se convertirá en un sinónimo de pequeñas apuestas clandestinas que conviven de forma paralela con los sorteos de la Lotería de Beneficencia Nacional. Si bien estas apuestas fueron prohibidas a partir de la Ley de Represión del juego de 1902, la energía para aplicar la disposición fue lo suficientemente escasa como para que los juegos ilegales continuaran por muchos años. Para Arlt, "las quinielas son las sirenas fantásticas y dominadoras que duermen en el fondo del juego legalizado. Por un billete de lotería que se vende hay diez anotados para una quiniela".[435] Se trata de apuestas baratas que para jugar no necesitan más que diez centavos por jugada. El carácter ilegal de la quiniela –fuera de la vista de los agentes de la Policía de la Capital– obliga a sus levantadores a desplegar extrañas estrategias de camuflaje. Las aguafuertes de Roberto Arlt hacen visible esa ciudad invisible: develan las prácticas ilegales y sus disfraces; el modo en que estas formas de intercambio popular se esconden en el mercado, en la barbería, en el local del lustrabotas; describen la morfología de los barrios pobres y sus avatares, su informalidad.

Este universo informal funciona sobre los sorteos de la Lotería de Beneficencia Nacional que emitía, para 1900, 2.122.000 boletos por año por un valor de emisión anual de 25.940.000 pesos moneda nacional, con un monto de precios acordados de 19.355.000 pesos moneda nacional

---

[435] *El Mundo*, 11 de agosto de 1928, "Su majestad el quinielero".

distribuidos en un monto de beneficios de 3.580.126,79 pesos moneda nacional, convirtiéndose en un verdadero furor urbano y en un elemento central para la inversión de obra pública estatal.[436] Los fondos recaudados por la Lotería de Beneficencia Nacional serían –de acuerdo a la Ley de Lotería de Beneficencia de 1895– entregados en porcentajes fijos a los asilos y hospitales de la Capital, de las provincias y los territorios nacionales. Esos fondos de la Lotería significaron –por otra parte– un arca complementaria para proyectos extraordinarios de gran envergadura, tales como el acondicionamiento del segundo edificio de la Biblioteca Nacional inaugurado en 1901. La asignación de fondos a la Biblioteca Nacional dio pie para que surgieran proyectos similares destinados a instituciones afines: subsidios al Museo Histórico Nacional y al Archivo General de la Nación se harán efectivos entre 1902 y 1903. Los fondos girados por la Lotería de Beneficencia Nacional al club Gimnasia y Esgrima entre 1921 y 1934 ilustran que si se observa de cerca, el vínculo entre los juegos de azar y la gestión cultural posee un carácter zigzagueante tanto en el organigrama estatal como en el universo cultural de la ciudad.

Esta historia toma la timba como rito de pasaje. Tiene a la ciudad como protagonista, o más bien, a una serie de textos que narran las transformaciones de la vida de esa ciudad en torno a sus modos de apostar. Crónicas, aguafuertes, letras de tangos, magazines ilustrados, catálogos, anuarios estadísticos, memorias y debates parlamentarios se reúnen aquí para ilustrar una dimensión específica del pasaje de la "gran aldea" a las contradicciones de una "modernidad periférica".[437] En Buenos Aires, como en varias

---

[436] *Anuario Estadístico de la Ciudad de Buenos Aires, 1900*, Buenos Aires, Compañía Sud-Americana de Billetes de Banco, 1901, pp. 288-291.
[437] Tomo aquí la reconocida expresión Beatriz Sarlo. Para un mayor desarrollo del concepto, ver Sarlo, Beatriz. *Una modernidad periférica. Buenos Aires 1920 y 1930*, Buenos Aires, Nueva visión, 1988.

ciudades de América Latina, se consolidó –casi simultáneamente– la sanción de un *corpus* de leyes que buscaban reprimir el juego clandestino en el mismo momento en que las ciudades aceleraban su proceso de industrialización, se masificaban y los juegos de azar aparecían por todos lados. Los juegos de azar se tornaron muy populares en toda América Latina y el Caribe a fines del siglo XIX con el desarrollo del capitalismo y la creciente urbanización. Como ocurrirá con la persistencia del juego ilegal en Río de Janeiro y en las calles de la ciudad de México, la historia del juego legal e ilegal en Buenos Aires es un terreno de zonas grises que intenta redefinir el modo en que se administraba la circulación del comercio popular en las masivas ciudades latinoamericanas en el cambio de siglo. Observar los rituales de juego en la región tal vez permita problematizar el accionar de los profesionales del control social (criminólogos, policías, jueces, penitenciarios, maestras, médicos) y su capacidad desmedida para reordenar la realidad y reflexionar sobre las prácticas, las modulaciones y los ritos de la modernidad en América Latina.

FUENTES IMPRESAS

Biblioteca Nacional Argentina: Fondo General de Libros

Bilbao, Manuel. *Buenos Aires. Desde su fundación hasta nuestros días. Especialmente el período comprendido en los siglos XVIII y XIX*, Buenos Aires, Imprenta de Juan A. Alsina, 1902.

Daireaux, Emilio. *Vida y costumbre en el Plata*, Buenos Aires, F. Lajoune, 1888.

El ermitaño adivinador de los números de la lotería mediante la explicación de sus sueños. 26.000 sueños explicados correspondientes a los 26.000 números de la lotería, Buenos Aires, Imprenta Archelli y Marengo, 1918.

Elía, Oscar Horacio. *La intervención del Estado en la explotación por apuestas*, Buenos Aires, Lotería de Beneficencia Nacional y Casinos, 1974.

Elía, Oscar. *La lotería de Buenos Aires 1812-1962: síntesis histórica*, Mar del Plata, Lotería de Beneficencia Nacional y Casinos, 1962.

Estatutos del Club de Gimnasia y Esgrima. Fundado en 1880, Buenos Aires, Compañía Sud-Americana de Billetes de Banco, 1889.

Flores, Celedonio. *Cuando pasa el organito*, Buenos Aires, Freeland, 1965.

Gómez, Eusebio. *La mala vida en Buenos Aires*, Buenos Aires, Juan Roldán Editor, 1908.

González, Gustavo Germán. *55 años entre policías y delincuentes. Crónicas de El Hampa Porteña*, tomos 1 y 2, Buenos Aires, Prensa Austral, 1971.
González, Gustavo Germán. *La Antología más completa del Delito. Para que nadie pueda ser burlado. Crónicas de El Hampa Porteña*, tomo 3, Buenos Aires, Prensa Austral, 1972.
Groussac, Paul. *Los que pasaban*, Buenos Aires, Sudamericana, 1939.
Jockey Club. *Breve reseña de su obra desde su fundación en 1882 hasta el 31 de Agosto de 1917*, Buenos Aires, 1917.
Jockey Club. *Comisión Directiva para 1903-1904*, Buenos Aires, 1905.
Jockey Club. *Reglamento Interno*, Buenos Aires, 1897.
Lanuza, José. *Pequeña historia de la calle Florida*, Buenos Aires, Municipalidad de la Ciudad, 1947.
Llanes, Ricardo. *Canchas de pelota y reñideros de antaño*, Buenos Aires, Cuadernos de Buenos Aires, 1981.
Llanes, Ricardo. *Historia de la calle Florida*, Buenos Aires, Honorable Sala de Representantes, 1976.
Mamier, Xavier. *Buenos Aires y Montevideo en 1850*, Buenos Aires, El Ateneo, 1948.
Memoria presentada por la Comisión Directiva del Club Gimnasia y Esgrima, Buenos Aires, Club Gimnasia y Esgrima, 1928.
Muller, Robert. *El Jockey Club de la calle Florida*, Buenos Aires, Centro Multimedia de la Biblioteca del Jockey Club, 1997.
Norvello, Roberto. *Historia del turf*, Buenos Aires, CEDAL, 1971.
Onelli, Clemente. *Aguafuertes del Zoológico*, Buenos Aires, Ediciones Mínimas, 1916.
Pillado, Antonio. *Buenos Aires, edificios y costumbre*, Buenos Aires, s/r, 1910.
Romay, Francisco. *Historia de la Policía Federal*, tomo V, Buenos Aires, Editorial Policial, 1963.

Rosa, José María, *Pequeña historia de la electricidad en nuestro país*, Folleto, Rosario, Imprenta del Sindicato de Luz y Fuerza de Santa Fe, 1937.
Vergara, Raúl. *Historia del alumbrado público de la Ciudad de Buenos Aires*, Buenos Aires, Imprenta Biaoco, 1946.

Biblioteca Nacional Argentina: tesoro

Dickmann, Adolfo. *Contra el juego: proyectos de supresión de la Lotería Nacional y clausura de los hipódromos*, Buenos Aires, Imprenta de la Cámara de Diputados, 1925.
Groussac, Paul. "Inauguración de la Biblioteca Nacional. Discurso del Director", en *Anales de la Biblioteca Nacional*, tomo II, Buenos Aires, 1902.
Groussac, Paul. "Nota preliminar a la inauguración de la Biblioteca Nacional", en *Anales de la Biblioteca Nacional*, tomo II, Buenos Aires, 1902.
Groussac, Paul. *Sobre la Biblioteca de Buenos Aires (1810-1901). Edición conmemorativa de su instalación en el nuevo edificio inaugurado el 27 de diciembre de 1901*, Buenos Aires, Imprenta y Casa Editora de Coni Hermanos, 1901.
Reglamento para el reñidero de gallos, Buenos Aires, Imprenta de "La Revista", 1858.
Wilde, José Antonio. *Buenos Aires desde setenta años atrás*, Buenos Aires, Biblioteca de La Nación, 1908.

Biblioteca Nacional Argentina: hemeroteca

Antena
Caras y Caretas
Crítica
El Mundo

Biblioteca Nacional Argentina: Colección Partituras, sala de consulta Cuchi Leguizamón

A Héctor Padula. Letra: Cifarelli, José. Música: Genovese, Miguel. Impreso por: Ediciones Ferrer. S.d. Número inventario: PA013683.

A la vuelta. Música y Letra: Hugo Matienzo. Impreso por: Ortelli Hermanos. S.d. Número de Inventario: PA064643.

Acosta solo. Letra: Pérez, Cipriano. Música: Padula, Miguel. Impreso por: Miguel Padula. 1938. Número de Inventario: PA175492.

Arrabal amargo. Letra: Le Pera, Alfredo. Música: Gardel, Carlos. Impreso por: Julio Korn. 1961 (1935). Número de Inventario: PA007279.

Bajo Belgrano. Letra: García Jiménez, Francisco. Música: Aieta, Anselmo. Impreso por: Alfredo Perrotti. S.d. 1926. Número de inventario: PA064532.

Canchero. Letra: Celedonio Flores. Música: De Bassi, Arturo. Impreso por: Editorial Pampa. 1949 (1930). Número de Inventario: PA012490.

Compadrón. Letra: Cadícamo, Enrique. Música: Visca, Luis. Impreso por: Julio Korn. S.d. 1927. Número de Inventario: PA218892.

Corrientes y Esmeralda. Letra: Flores, Celedonio. Música: Pracánico, Francisco. Impreso por: Alfredo Perrotti, 1922. Número Inventario: PA017140.

Cuesta abajo. Letra: Le Pera, Alfredo. Música: Gardel, Carlos. Impreso por: Julio Korn. 1961 (1934), Número de Inventario: PA020529.

De salto y carta. Letra: De Cicco, José. Música: Acuña, Alberto. Impreso por: Américo A. Vivona. 1942. Número de Inventario: PA187123.

El 7 en punta. Música y Letra: Soler, Ramón. Impreso por: Ortelli Hermanos. S.d. Número de Inventario: PA064626.

Leguisamo solo!... Letra y música: Papavero, Modesto Hugo. Impreso por: Alfredo Perrotti. 1945 (1925). Número de Inventario: PA0077759.

Lunes. Música: Padula, José. Letra: García Jiménez, Francisco. Impreso por: Alfredo Perrotti. 1929. Número de Inventario: PA017139.

Monte criollo. Letra: Manzi, Homero. Música: Pracánico, Francisco. Impreso por: Southern Music Internacional. 1935. Número de Inventario: PA178475.

Por una cabeza. Letra: Le Pera, Alfredo. Música: Gardel, Carlos. Impreso por: Julio Korn. 1961 (1935). Número de Inventario: PA004676.

Prepárate pal' domingo. Letra: Rial, José. Música: Barbieri, Guillermo Desideiro. Impreso por: Pirovano. 1957 (1931). Número de Inventario: PA014369.

Qué muñeca. Letra y música: Paternoster, José. Impreso por: Gornatti Hermanos. 1938. Número de Inventario: PA176379.

Romántico solo. Música y Letra: Fernández, Roberto. Impreso por: Julio Korn. 1938. Número de Inventario: PA185387.

Setecientos en cuarenta segundos. Letra: Canapale, Carlos. Música: Prenteda, Roberto. Impreso por: Arnaldo Boccazzi. 1938. Número de Inventario: PA178084.

Suerte loca. Letra: García Jiménez, Francisco. Música: Anselmo Aieta. 1924. En Aieta, Anselmo. *Buenos Aires y su música*, Buenos Aires, Record, 1973. Número de Inventario: PA185202.

Suerte negra. Letra: Le Pera, Alfredo. Música: Gardel, Carlos. Impreso por: Julio Korn. 1938 (1935). Número de Inventario: PA182848.

Tomo y obligo. Letra: Romero, Manuel. Música: Gardel, Carlos. Impreso por: Julio Korn. 1945 (1931). Número de Inventario: PA021131.
Uno y uno. Letra: Traverso, Lorenzo. Música: Pollero, Julio. Impreso por: Universal. 1945 (1927). Número de Inventario: PA189811.
Volvió Leguisamo. Letra: Belando, Juan Alberto. Música: Ciarallo, Pedro Arturo. 1938. Impreso por: Vida Argentina. Número de Inventario: PA064424.
Yo nací para Palermo. Letra: Botti, Modesto. Música: Mayel, Carlos. Impreso por: Arnaldo Bocazzi. 1947. Número de Inventario: PA015422.

Biblioteca Nacional Argentina: sala de consulta

Catálogo Metódico de la Biblioteca Nacional. Tomo Segundo. Historia y Geografía, Buenos Aires, Imprenta y Casa Editora de Coni Hermanos, 1900.
Catálogo Metódico de la Biblioteca Nacional. Tomo Tercero. Literatura, Buenos Aires, Taller Tipográfico de la Biblioteca Nacional, 1911.
Catálogo Metódico de la Biblioteca Nacional. Tomo Cuarto. Derecho, Buenos Aires, Taller Tipográfico de la Biblioteca Nacional, 1915.
Catálogo Metódico de la Biblioteca Nacional. Tomo Quinto. Ciencias y Artes, Buenos Aires, Taller Tipográfico de la Biblioteca Nacional, 1919.
Catálogo Metódico de la Biblioteca Nacional. Tomo Sexto. Historia y Geografía, Buenos Aires, Taller Tipográfico de la Biblioteca Nacional, 1925.
Catálogo Metódico de la Biblioteca Nacional. Tomo Séptimo. Literatura (Tomo 2º), Buenos Aires, Talleres Gráficos de la Biblioteca Nacional, 1931.

Sarmiento, Augusto. *Índice analítico de las obras completas de Sarmiento*, Buenos Aires, Sociedad de Estudios Bibliográficos Argentinos, 2000.

Biblioteca Nacional Argentina: mapoteca

Bemporat, A. *Plano centenario de la Capital Federal*, Buenos Aires, Oficina Cartográfica Bemporat, 1916.
Censo General de Población, Edificación, Comercio é Industrias de la Ciudad de Buenos Aires, Capital Federal de la República Argentina: levantado en los días 17 de agosto, 15 y 30 de setiembre de 1887. Tomos I y II, Buenos Aires, Compañía Sud-Americana de Billetes de Banco, 1889.
Plano de Buenos Aires y sus alrededores, Buenos Aires, Edición Peuser, 1935.
Plano de la Ciudad de Buenos Aires, Capital de la República Argentina, con el trazado general propuesto por la Comisión Estética Edilicia, Intendencia del Doctor Carlos M. Noel, 1924, Buenos Aires, 1927.
Plano del Municipio de la Capital Federal con la nomenclatura de calles y caminos. Secciones policiales hasta 1898.
Sanguinetti, Domingo. *Plano de la ciudad de Buenos Aires: con la numeración de las propiedades*, Buenos Aires, Guillermo Kraft, 1906.

Biblioteca Nacional Argentina: fototeca

Fondo Antiguo Fototeca Benito Panuzi Bibnal. Vistas y Costumbres de la República Argentina. Hipódromo Argentino de Palermo, 1891.
Fondo Antiguo Fototeca Benito Panuzi Bibnal. Buenos Aires Souvenirs. Hipódromo Argentino de Palermo, 1910.

Biblioteca Torquinst

La Prensa.
Anuario Estadístico de la ciudad de Buenos Aires (1891-1923).

Biblioteca Prebisht

La Nación.

Biblioteca del Congreso de la Nación Argentina

Diario de Sesiones de la Cámara de Diputados (1890-1935).
Diario de Sesiones de la Cámara de Senadores (1890-1935).

Archivo del Departamento de Investigación Histórica y Cartográfica, Dirección de Geodesia, La Plata

Dirección de Geodesia, Asesoría Histórica, *Registro Oficial de leyes, decretos y resoluciones de la República Argentina del año 1810 a 1920*, La Plata, Taller de impresiones Oficiales, 1924.

Malaver, Antonio. *Plano Topográfico de la Ciudad de Buenos Aires y de todo el Municipio: San José de Flores y Barracas al Sur de 1867.*

Manso, Juana María. *El plano de la Ciudad y el Ejido de Buenos Aires de 1817*, La Plata, Archivo del Departamento de Investigación Histórica y Cartográfica, Dirección de Geodesia.

Bibliografía

Acridiácono, Fernanda; Belensky, Silvia; Campius, Alicia. "Palermo: un siglo de carreras", en *Todo es Historia*, núm. 125, Buenos Aires, 1977, pp. 61-75.

Agostini, Claudia y Speckmann Guerra, Elisa (eds.). *De normas y transgresiones. Enfermedad y crimen en América Latina (1850-1950)*, México, UNAM, 2005.

Aguirre, Carlos y Salvatore, Ricardo (eds.). *The Birth of Penitenciary in Latin America, 1830-1940*, Austin, University of Texas Press, 1996.

Aguirre, Carlos; Gilbert, Joseph y Salvatore, Ricardo (eds.). *Crime and Punishment in Latin America: Law and Society since Late Colonial Times*, Durham, Duke University Press, 2001.

Archetti, Eduardo. "Estilos y virtudes masculinas en *El Gráfico*: la creación del imaginario del fútbol argentino", *Desarrollo Económico. Revista de Ciencias Sociales*, vol. 35, núm. 139, Buenos Aires, 1995, pp. 419-442.

Archetti, Eduardo. *El potrero, la pista y el ring. Las patrias del deporte argentino*, Buenos Aires, Fondo de Cultura Económica, 2001.

Archetti, Eduardo. *Masculinidades. Fútbol, tango y polo en la Argentina*, Buenos Aires, Editorial Antropofagia, 2003.

Armus, Diego. *La ciudad Impura*, Buenos Aires, Edhasa, 2001.

Barrancos, Dora. "El divorcio en cuestión imágenes de la prensa de gran circulación en torno de 1902", en Gayol,

Sandra y Madero, Marta (eds.), *Formas de Historia Cultural*, Buenos Aires, Prometeo, 2007.
Barry, Viviana. *Orden en Buenos Aires. Policías y modernización policial, 1890-1910*, Buenos Aires, Tesis de Maestría, IDAES-USAM, 2009.
Barsky, Julián y Osvaldo. *Gardel la biografía*, Buenos Aires, Taurus, 2004.
Beezley, William. *Judas at the Jockey Club and Other Episodes of Porfirian Mexico*, Nebraska, University of Nebraska Press, 1987.
Benedetti, Héctor Ángel. *Las mejores letras de tango. Antología de doscientas cincuenta letras, cada una con una historia*, Buenos Aires, Grupo Editorial Planeta / Booket, 2003.
Bertoni, Lili Ana. *Patriotas, cosmopolitas y nacionalistas. La construcción de la nacionalidad a fines del siglo XIX*, Buenos Aires, Fondo de Cultura Económica, 2001.
Borge, Jason (comp.). *Avances de Hollywood. Crítica cinematográfica en Latinoamérica, 1915-1945*, Rosario, Beatriz Viterbo, 2005.
Borges, Jorge Luis. *Ficciones*, Avellaneda, Emecé, 1997.
Bruno, Paula. *Paul Groussac una estrategia intelectual*, Buenos Aires. Fondo de Cultura Económica, 2005.
Buffington, Robert y Aguirre, Carlos. *Reconstructing Criminality in Latin American*, Willmington, Scholarly Resources, 2000.
Caillois, Roger. *Les Jeux et les Hommes*, París, Gallimard, 1958.
Caimari, Lila. *Apenas un delincuente. Crimen, castigo y cultura en la Argentina, 1880-1955*, Buenos Aires, Siglo XXI, 2004.
Caimari, Lila (comp.). *La ley de los profanos. Delito, justicia y cultura en Buenos Aires (1870-1940)*, Buenos Aires, Fondo de Cultura Económica, 2007.
Cecchi, Ana. "Esfera pública y juegos de azar: del *meeting* contra el juego al allanamiento de domicilio privados. Prensa, Parlamento y Policía en Buenos Aires

(1901-1902)", en *Cuadernos de Antropología Social*, núm. 32, Buenos Aires, 2010, pp. 101-207.
Cecchi, Ana. "Policía y Justicia ante la Ley de Represión del juego y el allanamiento de domicilio privado, Buenos Aires, 1902-1910", en *Fuera de la ley. Jornadas de discusión sobre delito, policía y justicia en perspectiva histórica (siglos XIX y XX)*, Buenos Aires, Universidad de San Andrés, 17 y 18 de junio de 2010.
Cecchi, Ana. "Polifónicas imágenes delictivas: narrar a Ruggierito", en *Revista de Estudios Literarios Especulo*, año XIV, núm. 45, julio-octubre de 2010, Madrid, Facultad de Ciencias de la Información, Universidad Complutense.
Chazkel, Amy. "Beynod Law and Order: the Origins of Jogo do Bicho in Republican Río de Janeiro (1889-1930)", *J. Lat. Amer. Stud.*, núm. 39, United Kingdom, Cambridge University Press, 2007, pp. 535-565.
Chazkel, Amy. *Laws of Chance: Brazil's Clandestine Lottery and the Making of Urban Public Life*, Durham & London, Duke University Press, 2011.
Corbin, Alain. *L'Avènement des Loisirs*, 1850-1960, París, Aubier, 1995.
Cordoncillo Samada, José. *Historia de la lotería en Nueva España (1770-1821)*, Sevilla, Publicaciones de la Escuela de Estudios Hispanoamericanos de Sevilla, 1962.
Corral, Rose. "Un argentino piensa en Europa: Roberto Arlt en sus última crónicas", en Arlt, Roberto, *El paisaje en las nubes. Crónicas en* El Mundo, *1937-1942*, Buenos Aires, Fondo de Cultura Económica, 2009.
Cozarinsky, Edgardo. *Palacios plebeyos*, Buenos Aires, Sudamericana, 2006.
Cuello Martinelli, María de los Ángeles. *La renta de naipes en Nueva España*, Sevilla, Publicaciones de la Escuela de Estudios Hispanoamericanos de Sevilla, 1966.
Del Campo, María Isabel. *Retrato de un ídolo. Vida y obras de Carlos Gardel*, Buenos Aires, Albores, 1955.

Di Liscia, María y Bohoslavsky, Ernesto. *Instituciones y formas de control social en América Latina (1840-1940), una revisión*, Buenos Aires, Prometeo, 2005.
Di Stefano, Roberto (comp.). *De las cofradías a las organizaciones de la sociedad civil. Historia de la iniciativa asociativa en Argentina 1776-1990*, Buenos Aires, Edilab, 2002.
Escobar, Raúl. *Diccionario lunfardo del hampa y el delito*, Buenos Aires, Distal, 2004.
Fontana, Patricio. *Arlt va al cine*, Buenos Aires, Libraria, 2009.
Frydenberg, Julio. "Prácticas y valores en el proceso de popularización de fútbol Buenos Aires 1900-1910", en *Entrepasados. Revista de Historia*, año VI, núm. 12, Buenos Aires, 1997, pp. 7-29.
Galeano, Diego. *Escritores, detectives y archivistas. La cultura policial en Buenos Aires, 1821-1910*, Buenos Aires, Teseo, 2009.
Gallo, Ezequiel. *Carlos Pellegrini, orden y reforma*, Buenos Aires, Fondo de Cultura Económica, 1998.
García Cedro, Gabriela. "Aguantías hípicas", en *A rienda suelta*, Buenos Aires, Colihue-Biblioteca Nacional, 2006.
García Ferrari, Mercedes. *Ladrones conocidos / Sospechosos reservados. Identificación policial en Buenos Aires, 1880-1905*, Buenos Aires, Prometeo, 2010.
García, Guillermo. "Prólogo", en Arlt, Roberto, *Secretos femeninos. Aguafuertes inéditas*, Buenos Aires, Editorial La Página SA-Página 12, 1996.
Gayol, Sandra y Kessler Gabriel (comps.). *Violencias, delitos y justicias en la Argentina*, Buenos Aires, Manantial, 2002.
Gayol, Sandra y Madero, Marta (eds.). *Formas de Historia Cultural*, Buenos Aires, Prometeo, 2007.
Gayol, Sandra. *Buenos Aires. Hombres, honor y cafés 1862-1910*, Buenos Aires, Ediciones del Signo, 2000.
Gayol, Sandra. *Honor y duelo en la Argentina moderna*, Buenos Aires, Siglo XXI, 2008.

Geertz Clifford. *The Interpretation of Cultures*, Chicago, University of Chicago Press, 1973.
Gobello, José. *Crónica general del tango*, Buenos Aires, Editorial fraterna, 1980.
González Alemán, Marianne. "Entre la norma y la práctica: el juego político callejero y la tentativa de reglamentación de A.P. Justo", en *VIII Jornadas de Investigadores del Departamento de historia Facultad de Humanidades Universidad Nacional de Mar del Plata*, Mar del Plata, 18 y 19 de noviembre de 2010.
González, Horacio. *Historia de la Biblioteca Nacional. Estado de una polémica*, Buenos Aires, Ediciones de la Biblioteca Nacional, 2010.
Gorelik, Adrián. *La grilla y el parque. Espacio público y cultura urbana en Buenos Aires, 1887-1936*, Bernal, Editorial de la Universidad de Quilmes, 1988.
Gorelik, Adrián. *Miradas sobre Buenos Aires. Historia, cultura y crítica urbana*. Buenos Aires, Siglo XXI, 2004.
Guerrero, Gilda. "Toros en Buenos Aires", *Todo es Historia*, núm. 26, Buenos Aires, 1969.
Heredero, Carlos y Santamarina, Antonio. *El cine negro. Maduración y crisis de la escritura clásica*, Barcelona, Paidós, 1996.
Herschmann, Michael y Lerner, Kattia. *Lance de sorte: o futebol e o Jogo do bicho na belle epoque*, Río de Janeiro, Diadorim Ed., 1993.
Horkheimer, Max y Adorno, Theodor. *Dialéctica del iluminismo*, Buenos Aires, Sudamericana, 1988.
Huizinga, Johan. *Homo Ludens. El juego como elemento de la historia*, Lisboa, Editorial Azar, 1943.
Korn, Francis. *Buenos Aires: los huéspedes del veinte*, Buenos Aires, Grupo Editor Latinoamericano, 1989.
Korn, Francis. *Buenos Aires 1895. Una ciudad moderna*, Buenos Aires, Editorial del Instituto, 1981.

Lagmanovich, David. "Letras de tango en el sistema literario argentino posterior al modernismo: continuidad y ruptura", en Rossner, Michael (ed.), *"¡Bailá! ¡Vení! ¡Volá!" El fenómeno tanguero y la literatura*, Madrid-Frankfurt, Iberoamericana-Verveut, 2000.

Lanata, Oscar. "Prólogo a la primera edición. Lo que se del Reo Last Reason", en Last Reason, *A rienda*, Buenos Aires, Gleizer, 1925.

Lears, Jackson. *Something for Nothing. Luck in America*, Nueva York, Viking Penguin, 2003.

Liernur Jorge y Silvestri Graciela (eds.). *El umbral de la metrópolis. Transformaciones técnicas y cultura en la modernización de Buenos Aires*, Buenos Aires, Editorial Sudamericana, 1993.

Losada, Leandro. *La alta sociedad en la Buenos Aires de la Belle Epoque*, Buenos Aires, Siglo XXI, 2008.

Magalhães, Felipe Santos. *Ganhou leva... Do vale impresso ao vale o escrito: uma história social do jogo de bicho no Rio de Janeiro (1890-1960)*, PHD diss. Universidade Federal do Rio de Janeiro, 2005.

Mariluz Urquijo, José. *El virreinato del Río de la Plata en la época del Marqués de Avilés (1799-1801)*, Buenos Aires, Academia Nacional de la Historia, 1964.

Matallana, Andrea. *Locos por la radio. Una historia social de La radiofonia em La Argentina*, Buenos Aires, Prometeo, 2006.

Matallana, Andrea. *Qué saben los pitucos. La experiencia del tango entre 1910 y 1940*, Buenos Aires, Prometeo, 2008.

Mayo, Carlos A. (dir.). *Juego, sociedad y Estado en Buenos Aires (1730-1830)*, Buenos Aires, Editorial de la Universidad Nacional de La Plata, 1998.

Moretti, Franco. *Altas de la novela europea, 1800-1900*, Madrid, Siglo XXI, 1999.

Myers, Jorge. "Una revolución en las costumbres: las nuevas formas de sociabilidad de la elite porteña, 1800-1860",

en Madero, Marta y Devoto, Fernando, *Historia de la vida privada en la Argentina. Tomo I. País antiguo. De la colonia a 1870*, Buenos Aires, Taurus, 1999.
Norvello, Roberto. *Historia del turf*, Buenos Aires, CEDAL, 1971.
Olga Ochoa, Pedro. "La riña de gallos: seducción de ricos y pobres", en *Todo es Historia*, núm. 28, Buenos Aires, 1969.
Pastoriza Elisa y Torre, Juan Carlos. "Mar del Plata un sueño de los argentinos", en Devoto y Madero, *Historia de la vida privada en Argentina. Tomo 3*, Buenos Aires, Taurus, 1999.
Pastoriza, Elisa (comp.). *Las puertas al mar. Consumo, ocio y política en Mar del Plata, Montevideo y Viña del Mar*, Buenos Aires, Biblos, 2002.
Pastoriza, Elisa. "Sociedad y política en la construcción de una ciudad turística de masas. Mar del Plata en los años 30", Tesis de maestría en Historia, Facultad de Humanidades, Universidad Nacional de Mar del Plata, 1999.
Pedetta, Marcelo. "Cara y cruz. Estado, juego oficial y juego clandestino antes de 1936", en *Fuera de la ley*, Jornadas de Discusión, Udesa, Buenos Aires, 18 y 19 de julio del 2010.
Pedetta, Marcelo. *La fuente de los deseos. El casino durante la democratización de Mar del Plata. Políticas públicas, empleados y prácticas de sociabilidad (1936-1955)*, Tesis doctoral de la Universidad Nacional de Mar del Plata, en producción.
Piccato, Pablo. *City of Suspects: Crime in Mexico City, 1900-1931*, Durham, Duke University Press, 2001.
Piglia, Ricardo. "Prólogo", en Arlt, Roberto, *El paisaje en las nubes. Crónicas en* El Mundo, *1937-1942*, Buenos Aires, Fondo de Cultura Económica, 2009.
Pignatelli, Adrián. "Ruggierito. Política sucia en tiempos violentos", en *Todo es Historia*, núm. 456, Buenos Aires, julio de 2005a.

Pignatelli, Adrián. *Ruggierito. Política y negocios sucios en la Avellaneda violenta de 1920-1930*, Buenos Aires, Editorial Nueva Mayoría, 2005b.

Plotkin, Mariano, "Sueños del pasado y del futuro. La interpretación de los sueños y la difusión del psicoanálisis en Buenos Aires (1930-1950)", en Madero, Marta y Gayol, Sandra (eds.), *Formas de historia cultural*, Buenos Aires, Prometeo, 2007.

Plotkin, Mariano. *Freud en las pampas*, Buenos Aires, Editorial Sudamericana, 2003.

Pujol, Sergio. *Valentino en Buenos Aires. Los años veinte y el espectáculo*, Buenos Aires, Emecé, 1994.

Rivera, Jorge. *La historia del tango. Vol. 1. Sus orígenes*, Buenos Aires, Corregidor 1976.

Rocchi, Fernando. "Inventando la soberanía del consumidor: publicidad, privacidad y revolución del mercado en Argentina, 1860-190", en Devoto, Fernando y Marta Madero (eds.), *Historia de la vida privada en la Argentina. Tomo II*, Buenos Aires, Taurus, 1999.

Romano, Eduardo. "Las letras de tango en la cultura popular Argentina", en *Sobre poesía popular argentina*, Buenos Aires, Centro Editor de América Latina, 1983.

Romero, José Luis (ed.). *Buenos Aires. Historia de cuatro siglos*, Buenos Aires, Altamira, 2000.

Sábato, Hilda. "Ciudadanía, participación política y la formación de una esfera pública en Buenos Aires, 1850-1880", en *Entrepasados. Revista de Historia*, año IV, núm. 6, Buenos Aires, principios de 1994, pp. 65-86.

Saítta, Sylvia. *El escritor en el bosque de ladrillos. Una biografía de Roberto Arlt*, Buenos Aires, Debolsillo, 2008.

Saítta, Sylvia. *Regueros de tinta. El diario* Crítica *en la década de 1920*, Buenos Aires, Sudamericana, 1998.

Salvatore, Ricardo. "The Normalization of Economic Life: Representacions of the Economy in Golden-Age Buenos

Aires, 1890-1913", en *Hispanic American Review*, 81, 1, 2001, pp. 1-44.
Sarabia Viejo, María Justina. *El juego de gallos en Nueva España*, Sevilla, Publicaciones de la Escuela de Estudios Hispanoamericanos de Sevilla, 1972.
Sarlo, Beatriz. *El imperio de los sentimientos: narraciones de circulación periódica en la Argentina*, Buenos Aires, Catálogos, 1985.
Sarlo, Beatriz. *Escritos sobre literatura Argentina*, Buenos Aires, Siglo XXI, 2007.
Sarlo, Beatriz. *Una modernidad periférica. Buenos Aires 1920 y 1930*, Buenos Aires, Nueva visión, 1988.
Scroggins, Daniel. "Lista de artículos publicados por Roberto Arlt en el diario *El Mundo* entre el 19 de mayo de 1928 y el 24 de abril de 1933", en *Las aguafuertes porteñas de Roberto Arlt*, Buenos Aires, Ediciones Culturales Argentinas, 1981.
Sklar, Robert. *Movie-Made América. A Cultural History of American Movies*, Nueva York, Vintage, 1994.
Soares, Simone. *O Jogo do Bicho: a saga de um fato social brasileiro*, San Pablo, Bertrand Brasil, 1993.
Suriano, Juan (comp.). *La cuestión social en Argentina (1870-1943)*, Buenos Aires, Editorial La Colmena, 2000.
Suriano, Juan. *Anarquistas. Cultura y política libertaria en Buenos Aires, 1890-1910*, Buenos Aires, Editorial Manantial, 2001.
Tesler, Mario. *Paul Groussac en la Biblioteca Nacional*, Buenos Aires, Ediciones Biblioteca Nacional, 2006.
Troncoso, Oscar. *Buenos Aires se divierte*, Buenos Aires, CEDAL, 1983.
Troncoso, Oscar. *Juegos y diversiones en la Gran Aldea*, Buenos Aires, CEDAL, 1981.
Unamuno, Miguel. "Prólogo a la segunda edición", en *A rienda suelta*, Buenos Aires, Colihue-Biblioteca Nacional, 2006.

Vezzetti Hugo, *Aventuras de Freud en el país de los argentinos. De José Ingenieros a Enrique Pichón-Riviére*, Buenos Aires, Paidós, 1996.

Vezzetti, Hugo. "Las promesas del psicoanálisis en la cultura de masas", en Madero, Marta y Devoto, Fernando (comps.), *Historia de la vida privada en la Argentina*, Buenos Aires, Taurus, 1999.

Vilariño, Idea. *Las letras del tango. La forma. Temas y motivos*, Buenos Aires, Schapire, 1965.

Viñas, David. *De Sarmiento a Dios. Viajeros argentinos a USA*, Buenos Aires, Editorial Sudamericana, 1995.

Viñas, David. *Literatura argentina y realidad política*, Buenos Aires, Editorial Sudamericana, 1996.

Viqueira Albán, Juan Pedro. *¿Reprimidos o relejados? Diversiones públicas y vida social en la ciudad de México durante el siglo de las luces*, México, Fondo de Cultura Económica, 1987.

Wolfanga, Schilvestbush. *Disenchanted Night. The Industrialization of Light in the Nineteenth Century*, Berkeley, University of California Press, 1995.

Yonnet, Paul. *Jeux, modes et masses, 1945-1985*, París, Gallimard, 1985.

Zimmermann, Eduardo (comp.). *Judicial Institutions in Nineteenth-Century Latin America*, Londres, Institute of Latin American Studies, University of London, 1999.

Zimmermann, Eduardo. *Los liberales reformistas. La cuestión social en la Argentina 1890-1916*, Buenos Aires, Sudamericana, 1995.

Créditos de las imágenes

Imagen 1. *Reglamento para el Reñidero de gallos*, Buenos Aires, Imprenta de "La Revista", 1858. Sala Tesoro de la Biblioteca Nacional. Sala de Lectura Virtual.

Imagen 2. Hipódromo Argentino de Palermo. Vistas y costumbres de la República Argentina (1891). Fondo Antiguo Fototeca Benito Panuzi Bibnal. Fototeca de la Biblioteca Nacional.

Imagen 3. Hipódromo Argentino de Palermo. Buenos Aires Souvenirs (1910). Fondo Antiguo Fototeca Benito Panuzi Bibnal. Fototeca de la Biblioteca Nacional.

Imagen 4. "Lotería de Navidad", en *Caras y Caretas*, Buenos Aires, 28 de diciembre de 1901. Hemeroteca de la Biblioteca Nacional.

Imagen 5. "El gordo", en *Caras y Caretas*, Buenos Aires, 27 de diciembre de 1902. Hemeroteca de la Biblioteca Nacional.

Imagen 6. "Lotería, cambio de lugar", en *Caras y Caretas*, Buenos Aires, 26 de noviembre de 1904. Hemeroteca de la Biblioteca Nacional.

Imagen 7. Elementos de juego. Talleres de Investigación policial (1912). Fondo Antiguo Fototeca Benito Panuzi Bibnal. Fototeca de la Biblioteca Nacional.

Imagen 8. *Bajo Belgrano*. Letra: García Jiménez, Francisco. Música: Aieta, Anselmo. Impreso por: Alfredo Perrotti. S.d. 1926). Número de Inventario: PA064532. Archivo de partituras de la Biblioteca Nacional.

Imagen 9. *Lunes*. Letra: García Jiménez, Francisco. Música: Padula, José. Impreso por: Alfredo Perrotti. 1929. Número de Inventario: PA017139. Archivo de partituras de la Biblioteca Nacional.

Imagen 10. *Suerte Negra*. Letra: Le Pera, Alfredo. Música: Gardel, Carlos. Impreso por: Julio Korn. 1938 (1935). Número de Inventario: PA182848. Archivo de partituras de la Biblioteca Nacional.

Imagen 11. *Tomo y obligo*. Letra: Romero, Manuel. Música: Gardel, Carlos. Impreso por: Julio Korn. 1945 (1931). Número de Inventario: PA021131. Archivo de partituras de la Biblioteca Nacional.

Imagen 12. *Uno y uno*. Letra: Traverso, Lorenzo. Música: Pollero, Julio. Impreso por: Universal. 1945 (1928). Número de Inventario: PA189811.

Imagen 13. "Al igual que los Gángsters de Chicago las bandas porteñas dirimen a balazos la supremacía en el juego", en *Caras y Caretas*, Buenos Aires, 21 de marzo de 1936. Hemeroteca de la Biblioteca Nacional.

www.ingramcontent.com/pod-product-compliance
Lightning Source LLC
Chambersburg PA
CBHW031313150426
43191CB00005B/209